TOM JACOB

Forellen
angeln

KOSMOS

Die Forelle – das unbekannte Wesen 5
Die Bachforelle 7
Die Seeforelle 11
Die Meerforelle 12
Die Regenbogenforelle 15

Mit Wissen zum Fangerfolg 19
Der optimale Lebensraum 19
Die natürlichen Lebensräume der Forellen 26
Effizienter Räuber in allen Wassern –
die Sinnesleistungen der Forelle 31

Fliegenfischen auf Forellen 35
Die ersten Schritte 35
Von Fliegenruten 36
Fliegenrollen 39
Fliegenschnüre 40
Fliegenvorfächer 41
Fliegen 42
So fischt man mit der Fliegenrute 46
Wie fängt man seine ersten Forellen
mit der Fliege? 48

Spinnfischen auf Forellen 53
Spinnruten 53
Rollen 54
Schnüre 57
Die Köderpalette 58
So fischt man mit der Spinnrute 63
Mit der Spinnangel auf große Forellen 66

Forellenfischen mit natürlichen Ködern

68	So fischt man mit dem Wurm
72	So fischt man mit dem Köderfisch
74	So fischt man mit der Wasserkugel
75	So fischt man mit dem Tiroler Hölzl
76	So fischt man vom Boot aus
77	Tippfischen

Knigge für Forellenangler

78	Fanglimits, Schonmaße und Schonzeiten
80	Tierschutzgerechtes Töten eines Fisches
81	Catch and Release

Extra: Die besten Forellenrezepte aus aller Welt

82	Vom Haken in den Topf
84	Gebeizte Forelle
84	Truite à l'Estragon (Estragonforelle)
86	Forelle mit Sauerampfer
87	Chinesische Zucchiniforelle aus dem Wok
88	Forelle im Salzmantel

90	Adressen
91	Zum Weiterlesen
92	Register

Wie alles anfing

Dieses Buch widme ich meinem lieben Freund Georges, der sich mit knapp 70 Jahren aufmachte, das Fliegenfischen zu erlernen, um die Forellen der Kinzig mächtig zu ärgern.

Meine erste Forelle fing ich – wie sollte es bei einem zehnjährigen Lausbuben anders sein – beim „Schwarzangeln" mit einem Stückchen Brot auf einer umgebogenen Sicherheitsnadel. Es muss ein ordentliches Exemplar gewesen sein; ich erinnere mich zwar weder an die Größe noch an das Gewicht des Fisches (Daten spielen in diesem Stadium des Anglerlebens glücklicherweise noch keine Rolle), weiß aber noch genau, dass meine Mutter sie nicht in einem Stück in die große gusseiserne Pfanne unseres Ferienhauses brachte.

Heute, fast 25 Jahre später, bin ich noch gelegentlich an dem Fluss von damals, der bis heute nichts von seiner Faszination eingebüßt hat. Und die Forellen, die er noch heute beherbergt, sehe ich mittlerweile mit den Augen des Anglers, dessen „Sturm- und Drangzeit" vorbei ist: Nur ein Narr würde sich mit einer über der Kerzenflamme zurechtgebogenen Sicherheitsnadel an derartig kampfstarke Fische heranwagen!

Auch sind Länge und Gewicht meiner Beute heutzutage nicht unwichtig für mich: Angelfreunde nicken beeindruckt, wenn man ihnen von einer gelandeten Forelle erzählt, die vielleicht drei Pfund oder vier schwer war, oder über 55 Zentimeter Länge hatte. Wenn man ehrlich ist, dann sind das die Fische, die man fangen möchte. Auch wenn man, um nicht als Angeber dazustehen, das nicht immer so offen zugibt.

Doch, wie gesagt, hat jeder einmal klein angefangen. Und genau für dieses Stadium des Anglerlebens, nämlich das des Novizen in Sachen Forellen, ist dieses Büchlein gedacht.

Tom Jacob

Die Forelle – das unbekannte Wesen

Kennen Sie das Gedicht „Die Forelle" von Christian Schubart? Nein? Franz Schubert hat es 1819 als „Forellenquintett" vertont und davon werden die allermeisten schon einmal gehört haben. Dem aufmerksamen Leser wird nicht entgehen, dass die Bachforelle bereits damals ein Sinnbild für unbeschwerte Schönheit, gepaart mit einem kräftigen Schuss Naturromantik á la Caspar David Friedrich war. Vor allem in punkto Farbenpracht ist die Forelle wirklich ein Juwel, welches unter den Süßwasserfischen seinesgleichen sucht. Aber all das täuscht leicht darüber hinweg, dass es sich bei ihr – zumal im Alter – um einen Vollblut-Raubfisch handelt. Ihr buntes Kleid dient in allererster Linie dazu, sie zu tarnen. Und das gelingt ihr häufig auch vorzüglich, wie ich allzu oft selber feststellen muss, wenn die Fische bereits die Flucht ergreifen, noch lange bevor ich sie überhaupt bemerke.

In einem Bächlein helle,
da schoss in froher Eil
die launische Forelle
vorüber wie ein Pfeil.
Ich stand an dem Gestade,
und sah in süßer Ruh'
des muntern Fisches Bade
im klaren Bächlein zu.

Auszug aus „Die Forelle" von Christian F. D. Schubart (bekannter unter dem Namen „Forellenquintett", vertont von Franz Schubert)

Vielleicht sollte jedoch zuerst einmal geklärt werden, dass es *die* Forelle schlechthin nicht gibt, wohl aber viele, faszinierende Arten und Formen, die nachfolgend vorgestellt werden. Seit einiger Zeit sind sich die Experten darüber einig, dass die bisher angenommene Vermutung, dass es sich bei Bach-, See- und Meerforellen um eigene Arten handelt, nicht zutrifft. Vielmehr gibt es eine Stammform, *Salmo trutta*, deren Lebensumstände (wie Gewässerbeschaffenheit, Wandermöglichkeiten und Populationsdruck) letztendlich darüber entscheiden, ob aus ihr eine Bach-, See- oder Meerforelle wird.

Systematik auf einen Blick

Klasse	Knochenfische
Unterklasse	Strahlenflosser
Ordnung	Lachsartige
Familie	Lachsfische (Salmonidae)
Gattungen	*Salmo* (Bachforelle und Atlantischer Lachs); *Oncorhynchus* (Regenbogenforelle und andere ursprünglich nordamerikanische Forellenarten, pazifische Lachsarten); *Hucho* (Huchen); *Salvelinus* (Saiblinge)

Die Meerforelle ist, wie auch der Lachs, ein anadromer Wanderfisch. Das bedeutet, dass sie im Süßwasser zur Welt kommt, aber den Hauptanteil ihres Lebens anschließend im Meer verbringt. Dorthin nämlich wandert sie nach durchschnittlich zwei Sommern, wo sie einige Jahre verbringt, bis es sie zur Fortpflanzung wieder den Fluss ihrer Wiege hinaufzieht, um sich fortzupflanzen.

Bach- und Seeforellen wandern dagegen nicht ins Meer ab. Die Gründe sind vielschichtig: Das genetische Programm, welches den Wandertrieb steuert, kann verkümmert sein oder die Fische wollen, können aber einfach nicht, weil die Flüsse auf Grund von Wehranlagen oder Turbinen nicht mehr für sie durchgängig sind. Oder die ehemals wandernde Population eines Gewässersystems ist längst erloschen.

Schnelle Forelle Eine sehr schnell flüchtende Forelle erreicht kurzzeitig Geschwindigkeiten von ungefähr 30 km/h; das entspricht einem zügig fahrenden Inline-Skater! 8,5 km/h Dauergeschwindigkeit ist für sie ebenfalls kein Problem. So schafft sie während ihrer Laichwanderung locker mehrere Kilometer am Tag.

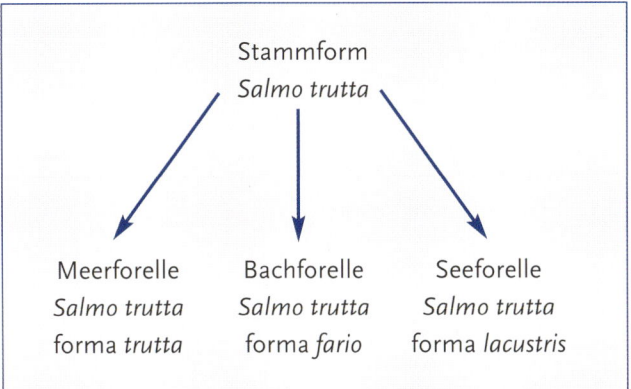

```
                    Stammform
                    Salmo trutta
            ↙           ↓           ↘
      Meerforelle   Bachforelle   Seeforelle
      Salmo trutta  Salmo trutta  Salmo trutta
      forma trutta  forma fario   forma lacustris
```

Die Bachforelle

Kennzeichen

Die Bachforelle (*Salmo trutta* forma *fario*) hat eine spindelförmige, seitlich etwas zusammengedrückte Körperform, die entsprechend den jeweiligen Umweltbedingungen, ja sogar im Jahresverlauf (nach dem Winter erscheint, vor allem bei größeren Exemplaren, der Kopf leicht überproportioniert, da sie im Winter abgemagert sind) stark variieren kann. Ihre Fettflosse ist relativ groß, der Kopf vergleichsweise stumpf, wobei die Maulspalte bis hinter die Augen reicht. Ober- und Unterkiefer sind mit zahlreichen, spitzen kegelförmig ausgebildeten Zähnen besetzt, die sich auch auf Gaumenbein, Pflugscharbein und Zungenknochen finden.

Die Bachforelle hat in der Regel einen grünlich bis bräunlich gefärbten Rücken, ihre Seiten und der Bauch sind immer wesentlich heller, wobei die Grundfarbe von weiß bis golden reicht. Auf den Flanken befinden sich zahlreiche schwarze und weit weniger rote Punkte, letztere sind von einer kreisrunden weißlichen (selten bläulichen) Zone umgeben. Mitunter findet man auf ihrer

TIPP

Der Name „Forelle" kommt mutmaßlich vom mittelhochdeutschen „vorhele", was „gesprenkelt" bedeutet.

Meister der Tarnung

Es ist nicht einfach, eine kurze aber präzise Beschreibung ihrer „normalen" Färbung zu liefern, da die einzelnen Forellenpopulationen von Region zu Region, ja sogar von benachbarten Gewässern, teilweise farblich enorm voneinander abweichen. Wie fast alle Fische können auch Forellen ihre Körperfarben (im Laufe einiger Tage) der Umgebung anpassen, in der sie sich befinden. So erklärt sich auch die Vielfalt ihres „Outfits", welches sich teilweise sogar im selben Gewässer von Fisch zu Fisch gewaltig voneinander unterscheidet.

Die Bachforelle

Fettflosse einen einzelnen, roten Punkt – nach Meinung vieler, vor allem älterer Angler ist das ein Merkmal, welches alte, unverfälschte Stämme auszeichnet. Die Flanken junger Bachforellen sind durch sechs bis neun dunkle Querbänder gekennzeichnet, eine Färbung, die auch Junglachse aufweisen.

Nahrung

Bachforellen ernähren sich vorwiegend von niederen Wassertieren wie Insektenlarven, Wasserflöhen, Bachflohkrebsen und Schnecken, die in nährstoffreichen Gewässern mit „hartem", kalkreichen Wasser den Löwenanteil ausmachen. Praktiker gehen davon aus, dass die Forelle ungefähr 90 % ihres Nahrungsbedarfs *unter* der Wasseroberfläche deckt. Die von den Fliegenfischern so geschätzten Zeiten, in denen die Fische sich an Anflugnahrung gütlich tun – und sie die Trockenfliege einsetzen können – ist also eher die Ausnahme. Doch erreicht die Bachforelle erst einmal eine gewisse Größe, reichen derartige Häppchen nicht mehr aus: Größere Exemplare ernähren sich in der Hauptsache von kleineren Beutefischen, denen sie meist in der Dunkelheit nachstellen.

Verbreitung

Man findet die Bachforelle in vielen Gewässern Europas, einschließlich Island und Kleinasien. In Afrika besiedelt sie nur den Norden des Kontinents bis zum Atlasgebirge. Auf Grund ihrer Bedeutung als Speise- wie als „Sportfisch", wurde sie jedoch an vielen anderen Stellen des Globus eingebürgert (Amerika, Australien, Neuseeland, Asien). Zu Zeiten Napoleons galt sie im Gebiet des heutigen Baden-Württemberg als die am weitesten verbreitete Fischart überhaupt, ein Indiz für die ehemals hervorragenden Lebensbedingungen für Forellen in dieser Region.

Lebensraum

Die Bachforelle benötigt sommerkühle, sauerstoffreiche Gewässer. Die Fließgewässer dieser Kategorie werden unter dem Begriff „Forellenregion" zusammengefasst. Doch auch in stehenden Gewässern findet man die Rotgetupfte vereinzelt. Alle Gewässer, die Bachforellen enthalten, müssen nicht nur von guter Wasserqualität sein, sondern auch einen großen Strukturreichtum aufweisen. Fehlt beispielsweise sauberer Kiesgrund, sind die Fische nicht in der Lage, sich fortzupflanzen, was mittlerweile in den allermeisten Gewässern unserer Heimat der Fall ist. Ohne Besatzmaßnahmen würden die meisten Populationen über kurz oder lang erlöschen.

Fortpflanzung

Bachforellen laichen im Spätherbst und Winter in sauerstoffreichen Bächen und Flüssen mit kiesigem Untergrund. Dazu schlagen die Rogner (Weibchen) in der Strömung mit dem Schwanz so genannte Laichgruben. Nach der Fertigstellung dieser flachen Vertiefungen in der Fluss-Sohle wird der Rogen (Fischeier) stoßweise vom Weibchen abgesetzt, während sich der Milchner (Männ-

---

TIPP

Kleine Lachse (Parr) lassen sich von Bachforellen folgendermaßen unterscheiden: Die Bachforelle hat eine schlankere Körperform, eine nicht so stark eingekerbte Schwanzflosse, (meist) weiß abgesetzte Flossenränder, längere Brustflossen, eine große Maulspalte, die bis hinter das Auge reicht und mehr schwarze Punkte auf den Kiemendeckeln als der kleine Lachs. Aber Vorsicht: Zur sicheren Unterscheidung gehören immer mehr als nur ein oder zwei Merkmale.

> **TIPP**
>
> Die Entwicklungsdauer vom Ei bis zum Schlüpfen der Larve wird in Tagesgraden angegeben. Eine Faustzahl für Bachforellen sind beispielsweise 410 Tagesgrade. Das bedeutet, dass die Eier bis zum Schlupf 82 Tage in 5 °C kaltem Wasser verbleiben, da 410 : 5 = 82 ist. Je wärmer das Wasser ist, desto schneller verläuft die Entwicklung der Eier.

chen) eng an seine Partnerin schmiegt und zitternd seinen Samen entlässt, der bei den Fischen Milch genannt wird. Die so befruchteten Fischeier werden von der Strömung erfasst und in die Zwischenräume der Bachsohle geschwemmt, wo sie durch die heftigen Schwanzschläge der Eltern zusätzlich mit losen Steinchen bedeckt werden. Die Eier verbleiben dort – gut geschützt und mit Sauerstoff versorgt – bis zum Schlüpfen der Larven.

Nach dem Schlupf spricht man von der Dottersackbrut, dem Stadium bei dem der kleine Fisch mit einem natürlichen „Lunchpaket" unterwegs ist, da er selbstständig noch keine Nahrung aufnehmen kann. Ist der Dotter dann nach wenigen Tagen vollends verzehrt, nennt man die Entwicklungsstufe Brut und der Fisch bekommt langsam seine typische äußere Form. Am acht Wochen alten Jungfisch kann man dann bereits erkennen, um was für eine Art es sich handelt, da viele Merkmale bereits deutlich ausgeprägt sind. Es passiert im Frühjahr hin und wieder, besonders wenn man mit sehr kleinen Fliegen fischt, dass man einen solchen Winzling an den Haken bekommt. Es gibt für mich nur wenige andere Augenblicke im täglichen Leben, bei dem der Begriff „Wunder" so greifbar wird. Der Anblick einer gerade fingerlangen Bachforelle ist – wenigstens für mich – fast unbeschreiblich. Es ist umso verwunderlicher, dass genau solche Fische, auf Grund ihrer natürlichen Aktivität, lebendig als Köderfische zum Hechtangeln verwendet werden.

> **Schlechte Karten beim Überlebenskampf**
>
> Die Weibchen der Bachforelle produzieren etwa 1500 bis 2500 Eier pro Kilogramm Körpergewicht. Die Überlebensrate beträgt anschließend ungefähr 0,1 %. Auf Tausend befruchtete Eier kommt also nur ein einziger Fisch, der selber geschlechtsreif wird!

Die Seeforelle

Die Seeforelle (*Salmo trutta* forma *lacustris*) ist in vielerlei Hinsicht ein faszinierender Fisch. Nicht nur, dass sie über 30 Kilogramm schwer und weit über einen Meter lang werden soll, sondern auch die Tatsache, dass sie mittlerweile recht selten geworden ist und nur wenige Angler häufiger mit ihr in Kontakt kommen, trägt zu diesem Image bei.

Kennzeichen

Von der Körperform entspricht die Seeforelle weitgehend der Bachforelle, jedoch ist letztere regelmäßig schlanker, was durchaus mit ihrem Leben in der Strömung zusammenhängt. Doch vor allem im Hinblick auf Zeichnung und Färbung unterscheiden sich die beiden merklich. Der ausgewachsenen Seeforelle fehlen die roten Punkte der Bachforelle gänzlich, die schwarzen sind oftmals größer und teils x-förmig ausgeprägt. Die Grundfarbe des Rückens ist ein grünliches bis bläuliches Grau, ihre Flanken glitzern silbern, die Unterseite des Bauches ist weiß.

Nahrung

Die Königin, so wird sie in manchen schweizerischen Kantonen genannt, ernährt sich in der Jugend wie alle anderen Forellen von Klein- und Kleinstgetier, je nach Angebot. Im Alter und vor allem ab einer bestimmten Größe muss sie dann jedoch wesentlich mehr Nahrung zu sich nehmen.

Sie steigt dann auf Fische um, die es ihr überhaupt erst ermöglichen, so groß zu werden. Ihr Menü besteht dann meist – je nach Angebot des Sees – aus Koppen, Schmerlen, Elritzen, aber auch Saiblingen, Felchen oder sogar kleineren Artgenossen.

> **TIPP**
>
> **Eine anständige Seeforelle erwischt man übrigens am häufigsten im zeitigen Frühjahr, bei bedecktem Himmel und etwas Schneefall. Kein Fisch für Sonnenanbeter also!**

> **Verbreitung**

In Europa ist die Seeforelle in Skandinavien, auf den Britischen Inseln sowie in den Voralpen und Alpen bis in Höhen um 2000 Meter verbreitet. Sie bewohnt dort kühle und sauerstoffreiche Seen mit steilen Ufern.

> **Fortpflanzung**

Trotz ihres Namens pflanzt sich auch die Seeforelle in Flüssen fort. Sie ist in besonderem Maße auf die Durchgängigkeit der Zuflüsse angewiesen, ohne die sie sich nicht reproduzieren kann. Bereits Ende August beginnt ihr Zug zu den Oberläufen der Zuflüsse großer Seen, in denen sie sich normalerweise aufhält.

Das Erstaunliche an ihren Wanderungen sind die Distanzen, die sie teilweise zurücklegen. So steigen die Tiere aus dem Bodensee bis weit in die Flüsse Graubündens auf. Die dort geschlüpften Nachkommen verbleiben dann ein oder zwei Sommer in den Laichgewässern, bevor sie ihrer Bestimmung folgen und in die Seen ihrer Ahnen abwandern.

Die Meerforelle

Nicht wenige Lachsangler machen ein langes Gesicht, wenn sie nach der Landung ihrer oft lang ersehnten Beute am Ufer feststellen müssen, dass es sich um eine Meerforelle (*Salmo trutta* forma *trutta*) anstatt um einen Lachs handelt. Dabei ist der Fang einer starken Meerforelle – man munkelt, dass sie bis über 15 Kilogramm schwer werden können – ein absolutes Highlight für den Sportfischer. Auch kulinarisch steht sie dem König in nichts nach, weswegen die besagten langen Gesichter nicht ganz einleuchten mögen.

DIE MEERFORELLE

Die Meerforelle und der Atlantische Lachs sind wie Stiefgeschwister. Obwohl es sich bei ihnen um zwei verschiedene Fischarten – jedoch derselben Gattung – handelt, weist ihr Verhalten erstaunliche Parallelen auf. Beide sind anadrome Wanderfische und besetzen ungefähr die gleichen Lebensräume.

Kennzeichen

Die Meerforelle besitzt dieselbe Torpedoform wie ihre echte Schwester, die Bachforelle. Ebenso ist ihre Zeichnung in der Jugend mit der der Bachforelle identisch. Die Färbung einer ausgewachsenen Meerforelle entspricht jedoch fast der des Lachses, mit dem man sie sehr leicht verwechseln kann.

Ihre Grundfarbe ist ein helles Silber, unterbrochen von zahlreichen kleinen, schwarzen, teils x-förmigen Punkten, die auf dem Rücken, den Flanken, dem Kopf und der Rückenflosse der Fische zu finden sind. Ihre Fettflosse ist relativ groß, der Kopf – verglichen mit dem Lachs – tendenziell etwas größer.

Wenigstens in den Gewässern, in denen beide Arten vorkommen, sollte jeder, der ernsthaft auf Meerforelle oder Lachs fischt, die Unterscheidungsmerkmale im Schlaf beherrschen, um vermeidbaren Problemen (Stichwort: Fanglimits) aus dem Weg zu gehen. Wichtig ist aber auch hier, dass nur die Kombination von verschiedenen Merkmalen zu einem ausreichend sicheren Ergebnis führen kann.

Nahrung

Der Speisezettel der jungen Meerforelle deckt sich mit dem aller anderen Forellen. Das ändert sich jedoch nach zwei bis vier Jahren, wenn sie das erste Mal ins Meer abwandert, um sich dort mit anderen Flossenträgern wie

> **TIPP**
>
> Anadrom bedeutet, dass der Fisch in einem Fluss oder Bach das Wasser der Welt erblickt und sich dort später auch wieder fortpflanzen wird, den Großteil seines Lebens aber im Meer verbringt. Dazu gehört der Lachs, die Meerforelle und einige andere Arten. Bei den katadromen Fischen ist es genau umgekehrt. Sie leben im Süßwasser und pflanzen sich im Meer fort. Bekanntestes Beispiel: der Aal.

> **Die lausige Zukunft der Meerforelle**
>
> Neben der fortschreitenden Gewässerverbauung ist die intensive Lachszucht an den britischen und skandinavischen Küsten eines der Hauptprobleme für den Rückgang, ja die Auslöschung der natürlichen Meerforellenbestände. Dabei handelt es sich um eine klassische Massentierhaltung, was unter anderem die explosionsartige Vermehrung von Seeläusen in diesen Gebieten zur Folge hat. Seeläuse sind an sich relativ harmlose, am Fisch schmarotzende Hautparasiten, die häufig an gefangenen Lachsen und Meerforellen zu finden sind, sofern diese das Salzwasser erst kürzlich verlassen haben. Im Süßwasser fallen sie nach kurzer Zeit von den Fischen ab. In Massen auftretend sind sie jedoch der sichere Tod für die aus den Flüssen ins Meer abwandernden jungen Meerforellen. Ein Fischereiaufseher an der Westküste Schottlands zeigte mir einen nur handylangen Fisch, an dem sich über 30 Seeläuse festgesaugt hatten! Kleine Vampire der Meere ...

Heringen und Sandaalen zu mästen. Das Wort „mästen" ist in dem Fall beileibe keine Übertreibung, denn bereits nach fünf Jahren kann ihre Körperlänge einen Meter betragen. Sie wiegt dann um die fünfzehn Kilogramm!

Verbreitung

Meerforellen fanden sich, bis vor nicht allzu langer Zeit, an praktisch allen Küsten des Nordatlantiks, vom Norden Kanadas bis an den oberen Rand der Iberischen Halbinsel. Das entspricht weitgehend der Verbreitung des Lachses, mit einem grundsätzlichen Unterschied: Während sich der erwachsene Lachs im gesamten Nordatlantik herumtreibt, bleiben Meerforellen zum Großteil in Küstennähe.

Doch auch diese Sache hat einen Haken. An sehr, sehr vielen ehemals guten Meerforellengewässern begegnet man nur noch den Geschichten über sie. Die Meerforelle ist eine der gefährdetsten Fischarten unserer Zeit. Schade eigentlich!

Fortpflanzung

Die Fortpflanzung der Meerforelle ist im Großen und Ganzen eine Mischung aus der der Bachforelle und des Lachses. Die Art der Eiablage, also das Schlagen von Laichgruben, geschieht lediglich in einem größeren Maßstab als bei der kleineren Bachforelle. Die Besonderheit, in der Jugend das Süßwasser zu verlassen und ins Meer abzuwandern, macht die Meerforelle dagegen dem Lachs sehr ähnlich.

Von Juli bis November steigt sie ins Süßwasser auf und zieht zum Ablaichen meist höher in die Fluss-Systeme als der Lachs. Nach Ende der Laichzeit ziehen die Fische ins Meer zurück, wohin ihnen ihre Sprösslinge nach zwei bis vier Jahren nachfolgen.

Die Regenbogenforelle

Die Regenbogenforelle (*Oncorhynchus mykiss*) spielt in Mitteleuropa, sowohl als „Sportfisch" wie auch als Wirtschaftsfaktor, eine nicht unerhebliche Rolle. Durch – leider oft falsche – Besatzmaßnahmen fehlt sie heute in den wenigsten Gewässersystemen und bildet an vielen Gewässern das Rückgrat so mancher Tagesstrecke. Teichwirtschaftlich betrachtet ist sie mit jährlich über 25 000 verzehrten Tonnen der „Brotfisch" der Nation. Nicht schlecht für einen Fisch, den man bei uns bis vor 100 Jahren noch vergeblich suchte!

Die Regenbogenforelle

Bis in die 80er Jahre war die Regenbogenforelle unter dem wissenschaftlichen Namen *Salmo gairdneri* bekannt. Mittlerweile ist geklärt, dass sie verwandtschaftlich den Pazifiklachsen (Gattung *Oncorhynchus*) näher steht als den europäischen Arten der Gattung *Salmo*. Auch bei der Regenbogenforelle treten zwei Formen auf: die Steelheadforelle (Stahlkopfforelle), welche die Wanderform des Regenbogens und somit das Pendant zur heimischen Meerforelle ist, und die „normale" Regenbogenforelle, die etwas standorttreuer zu sein scheint. Übrigens ist der Name Stahlkopfforelle keine der sonst üblichen Übertreibungen aus der neuen Welt! Ein Steelhead von einem Meter Länge erinnert im Drill mehr an einen versehentlich gehakten Kleinlaster als an einen Fisch. Ehrlich! Sie kommt, zum Leidwesen der europäischen Petrijünger, nur in den westlichen Landesteilen von Nordamerika vor.

Kennzeichen

Die Körperform entspricht weitgehend der Bachforelle, jedoch ist die Regenbogenforelle häufig etwas gedrungener und hat eine kleine Fettflosse. Die Rückenfarbe ist dunkelgrün bis braungrün, die Flanken glänzen silbern und sind von einem längs verlaufenden, breiten Band bedeckt, welches im Licht rosafarben schimmert. Manchmal, wenn genügend Sonnenlicht vorhanden ist und der Einfallswinkel stimmt, irisiert dieses Band in den Farben des Regenbogens. Bis auf die Unterseite des Bauches ist diese Forellenart von kleinen, schwarzen Punkten – sogar auf den Flossen – übersät, die sie am Gewässergrund manchmal fast unsichtbar werden lassen.

Nahrung

Das Nahrungsspektrum der Regenbogenforelle deckt sich weitgehend mit dem ihrer heimischen Cousine. Allerdings erscheint sie – nach menschlichem Ermessen – oft gefräßiger als die Bachforelle, da sie die meiste Zeit weit weniger wählerisch die vorhandene Nahrung (und den ihr angebotenen Köder) nimmt. Selbst kleine Säugetiere wie Mäuse (tatsächlich!) sollen laut Aussage von einem „alten Hasen", mit dem ich mich in Montana über die Fressgewohnheiten von Großforellen unterhielt, nicht verschmäht werden. Allerdings setzt ein derartiger Happen eine recht ordentliche Größe des Räubers voraus.

Verbreitung

Der Urstamm der Regenbogenforelle wird in den Gewässern Kaliforniens vermutet, doch mittlerweile ist sie auf der ganzen Welt zu Hause. Nach Deutschland wurde sie um 1880 eingeführt, wo sie unter den Petrijüngern seither einen hervorragenden Ruf genießt, da sie, verglichen mit der Bachforelle, schneller abwächst und sowohl mit mäßigen Gewässerverunreinigungen wie auch mit geringeren Sauerstoffsättigungen besser zurechtkommt als die Rotgetupfte.

Lebensraum

Regenbogenforellen besetzen in den Bächen und Flüssen mehr oder weniger die gleichen Nischen wie Bachforellen. Eigene Beobachtungen haben gezeigt, dass sie sich dabei tendenziell in der etwas schnelleren Strömung aufhalten. Über die Annahme, dass der eingebürgerte Regenbogen, auf Grund seines relativ schnelleren Wachstums, die heimische Rotgetupfte aus ihren Revieren verdrängt, streiten sich die Gelehrten schon ewig.

Fakt ist jedoch, dass die Regenbogenforelle bei uns mittlerweile weiter verbreitet ist als die Bachforelle, wenn auch nicht zahlenmäßig. Das eigentliche Problem der Regenbogenforelle liegt in ihren Vorzügen gegenüber

> **TIPP**
>
> Kaiser Wilhelm I. wurde im Rahmen eines Paradediners im Jahre 1881 eine der ersten Regenbogenforellen Deutschlands serviert. Diese stammten aus der Fischzucht in Hüningen, welche sich zu dieser Zeit intensiv mit der Zucht der Regenbogenforelle befasste (Quelle: Königliche Zentralstelle für Landwirtschaft, um 1880).

> **TIPP**
> Bei großen Salmoniden – speziell beim Lachs, aber auch bei großen Forellen – lassen sich die Geschlechter während der Laichzeit gut voneinander unterscheiden: Das Männchen bildet einen „Laichhaken" aus. Dabei vergrößert sich, hormonell bedingt, der Unterkiefer, der dann die Form eines Schürhakens bekommt. Das Erstaunliche dabei ist, dass die Spitze dieses Hakens genau in eine Tasche im Oberkiefer passt, die ebenfalls nur zur Laichzeit ausgebildet wird. Ohne sie würde der Fisch das Maul nicht mehr schließen können!

unseren heimischen Arten, die leider oft gnadenlos missbraucht werden. Sie ist wesentlich toleranter gegenüber Gewässerbelastungen und Sauerstoffmangel, was leider allzu häufig dazu führt, dass sie in Gewässer eingebracht wird, in denen sie partout nichts verloren hat, auch wenn sie (möglicherweise gerade noch) darin überleben kann. Die von manchen Angelvereinen noch immer praktizierte Übung, zentnerweise fangfähige Regenbogenforellen, zum Zwecke des jährlichen „Anfischens", in einen Teich einzusetzen, ist nicht nur bedenklich, sondern schlicht und einfach verboten. Das Argument, man wolle seinen Mitgliedern die Möglichkeit geben, „auch mal eine Forelle zu fangen", ist indiskutabel. Wenn jemand Forellen fangen will, dann muss er eben an ein Gewässer, wo diese natürlich vorkommen.

Mit dem ausgeprägten Wandertrieb, der der Regenbogenforelle nachgesagt wird, verhält es sich oft ähnlich: Fische, die in Bereichen eingesetzt werden, in denen sie sich nicht wohl fühlen, geben „Fersengeld", sofern sie die Möglichkeit dazu haben. Nichtsdestotrotz können (und sollen) auch stehende Gewässer, die von der Versorgung mit Sauerstoff und Nahrung geeignet erscheinen, mit Regenbogen besetzt werden.

Fortpflanzung

Die Fortpflanzung entspricht weitgehend der der Bachforelle, wobei zu beachten ist, dass die Regenbogenforelle etwas später ablaicht (Dezember bis Mai) als die Bachforelle (Oktober bis Januar). Ganz praktisch bedeutet das für den Angler, dass in manchen Gewässern die Schonzeit der Regenbogenforelle später beginnt als die ihrer heimischen Cousine. Auch produziert sie etwas weniger Eier (etwa 1600 bis 2000 pro Kilogramm Körpergewicht) als die Bachforelle.

Mit Wissen zum Fangerfolg

Viele Angler werden nebenstehende Aussage nicht ohne weiteres unterschreiben und das hat zwei durchaus nachvollziehbare Gründe: erstens ist ihnen der Name Charles Ritz kein Begriff, zum anderen fehlt ihnen seine Meisterschaft im Umgang mit der Angelrute. Monsieur Ritz war der Sohn des Gründers der gleichnamigen Hotelkette und bereits zu Lebzeiten – er starb am 11. Juni 1978 im Alter von 85 Jahren – ein Pionier des Fliegenwurfs und außerdem einer der erfolgreichsten Fliegenfischer aller Zeiten. Diese Meisterschaft erreichte er jedoch nur dadurch, dass er sich intensiv mit den Fischen und ihrem Lebensraum beschäftigte und so in der Lage war, sich entsprechend in sie hineinzuversetzen. Und genau das ist der Schlüssel zum beständigen Erfolg: Um beim Angeln über das Stadium des Anfängerglücks hinauszukommen, ist man gezwungen, sich mit dem spezifischen Verhalten seiner potenziellen Beute zu beschäftigen. Und je eingehender man das macht, desto öfter wird man die Chancen nutzen können, die sich am Wasser bieten. Dabei muss man unterscheiden, welche Faktoren ein gutes Gewässer für den Angler ausmachen und welche für den Fisch als Bewohner eines Gewässers wichtig sind.

„Ein Fisch, den der Fischer sehen und beobachten kann, ist in den meisten Fällen auch ein gefangener Fisch."

Charles Ritz

Der optimale Lebensraum

Der Angler bewertet ein Gewässer anhand der Summe der Einflüsse, die darauf einwirken. Die verschiedenen Faktoren wiegen dabei unterschiedlich schwer. Ein gutes Forellengewässer – aus Sicht des Anglers – hängt ent-

Optimaler Lebensraum für dicke Forellen

scheidend von den folgenden Faktoren ab: große Fischpopulation, kapitale Fische, wenig störender Bewuchs, gute Sichtigkeit des Wassers, keine Verunreinigungen, niedrige Wassertemperatur, genügend Sauerstoff, niedriger Preis.

Aus Sicht des Fisches sieht ein gutes Gewässer aber völlig anders aus. Alle Fische haben drei Grundbedürfnisse, die alle fast gleich schwer wiegen, da sie der Fisch zum Überleben benötigt. Diese Grundbedürfnisse sind: Nahrung, Sauerstoff und Standplatz. Dies gilt ebenso für Forellen: ihr optimaler Lebensraum bildet sich aus der Summe der zufriedenstellenden Erfüllung ihrer Bedürfnisse durch diese drei Faktoren.

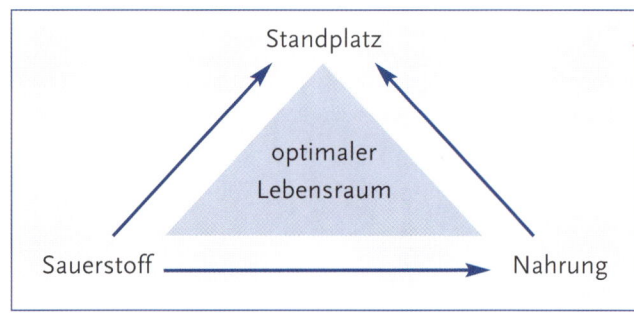

Das Dreieck des aquatischen Lebens: Nahrung, Sauerstoff und Standplatz

Standplatz

Welche Faktoren beeinflussen die Qualität des Standplatzes einer Forelle? Man kann dabei zwischen *begünstigenden* und *begrenzenden* Faktoren unterscheiden.

Ein guter Standplatz für eine Forelle definiert sich über:
Deckung: Selbst Forellen, die in der Nahrungskette an sich bereits recht weit oben stehen, sind Zeit ihres Lebens vor so mancher Gefahr nicht gefeit, wobei das Risiko, von etwas Größerem gefressen zu werden, mit zunehmender Größe abnimmt. Der Angler, in der Nahrungskette eine Stufe über der Forelle, ist dabei nicht selten – als letztes Glied der Kette – ihr Schicksal. Aus diesem Grund versu-

chen Forellen die meiste Zeit, sich der Sicht ihrer Feinde zu entziehen. Das gelingt ihnen einerseits durch ihre hervorragende Tarnung, andererseits sind sie stets bestrebt, vor erkannten Gefahren zu fliehen und sich augenblicklich in Deckung zu begeben. Geschützte Bereiche und Unterstände sind also ein wichtiger Teil eines guten Standplatzes. Mit Vorliebe stehen Forellen unter Wurzelstöcken und unterspülten Ufern, hinter Steinen oder unter Sträuchern entlang des Wassers.

Ruhe: Wie alle anderen Wildtiere verhält sich auch die Forelle nur in solchen Lebensräumen wie eine typische Forelle, in denen sie nicht ständig Störungen und Beunruhigungen ausgesetzt ist. Sie gewöhnt sich als Jungfisch zwar relativ gut und schnell auch an derartige Lebensumstände, reagiert jedoch mit einer Veränderung ihres sonst so typischen Fluchtverhaltens. Man denke dabei nur an Zuchtforellen in Teichen, die zu den Fütterungszeiten bereits beim Anblick des Menschen am Beckenrand nervös werden und beim Platschen der ersten Pellets auf dem Wasser Amok laufen. Fazit: Dauerhafte Störungen der Fische und unnatürliche Lebensumstände bewirken Veränderungen in ihrem natürlichen Verhalten.

Kiesgrund: Wie bereits erwähnt, benötigen Forellen zur Fortpflanzung Kiesgrund, in den sie ihre Laichgruben

Eine harte Nuss: Glasklares Wasser und keine Deckung für den Angler – eine falsche Bewegung und die Forellen verabschieden sich in ihre Unterstände am Ufer.

Brückenforellen

Ein Beispiel drängt sich mir beim Thema Standplatz geradezu auf: Jedes Kind kennt die großen „Brückenforellen", die von oben gut sichtbar, immer am gleichen Platz unter einer Brücke stehen und sich tagsüber praktisch nur vom heruntergeworfenen Brot ernähren. Manche stehen schon so lange dort, dass man sie mit Namen belegt hat. Versuchen Sie mal, einen solchen „Otto" oder „Franz" für eine Trockenfliege zu interessieren. Mission impossible!

> **TIPP**
> Für eine Tageskarte an einem einigermaßen ordentlichen Forellengewässer sollte man bereit sein, zwischen 20 und 40 DM auszugeben. Was darüber hinausgeht, sind, bis auf sehr wenige Ausnahmen (bei diesen handelt es sich dann um wirkliche Spitzengewässer, was sowohl die Größe der einzelnen Fische wie der gesamten Fischpopulation und nicht zuletzt auch die Umgebung angeht), schlicht Wucherpreise.

schlagen. Ohne ausreichenden Kiesgrund im Gewässer gibt es somit auch keine Fortpflanzung. Doch auch zu ihrem allgemeinen Wohlbefinden ist das entsprechende Substrat der Fluss-Sohle nicht unwichtig. So wird in Büchern immer wieder darauf hingewiesen, dass Forellen (vor allem Bachforellen) schlammigen Untergrund meiden und – falls möglich – sogar abwandern, um auf bessere Bedingungen zu stoßen. Das arttypische Sohlsubstrat zeichnet somit auch einen guten Standplatz aus.

Begrenzende Faktoren für das Vorkommen von Forellen sind dagegen:

Verunreinigungen: Das Thema Gewässerverschmutzung füllt mittlerweile ganze Bücherregale. Die Wasserqualität ist neben vielen anderen Faktoren von folgenden Verunreinigungen abhängig:

- unmittelbar toxisch (giftig) wirkende Verunreinigungen (z.B. Herbizide)
- mittelbar toxisch wirkende Verunreinigungen (wie Schwermetalle); sie entwickeln durch ihre Anreicherung in verschiedenen Wasserorganismen eine Langzeitwirkung, die die Fortpflanzungsfähigkeit herabsetzt oder unterdrückt. Sie wirken somit schleichend.
- Verunreinigungen, die Sauerstoffmangel erzeugen (z.B. organische Abfälle wie ungeklärte Abwässer aus Haushalten)
- Verunreinigungen, die den pH-Wert eines Gewässers verändern (z.B. saurer Regen, der den pH-Wert senkt)
- Verunreinigungen, die den Nährstoffgehalt drastisch erhöhen (z.B. anorganische Stickstoff- oder Phosphatverbindungen, die das Pflanzenwachstum rasant ankurbeln)
- Verunreinigungen, die durch Sedimentation (z.B. Verschlammung) ein Gewässer verändern.

Wasserstandsschwankungen: Durch die zunehmende Verbauung und Regulierung vieler Fließgewässer werden nicht nur vordringliche Probleme gelöst, sondern auch ständig neue geschaffen. So ist auch die ansonsten umweltfreundliche Erzeugung von Strom aus Wasserkraft nicht ganz unproblematisch für unsere flossentragenden Freunde. Die notwendigen Bauwerke, welche die hydraulischen Erfordernisse der Stromerzeugung regeln, können den gewohnten Gang der Dinge in einem Fluss ganz schön durcheinander bringen. Dies gilt vor allem für die nicht mehr dem normalen Jahresverlauf entsprechenden Wasserstandsschwankungen, die ihren Höhepunkt oft in den so genannten „Bachabschlägen" finden, bei denen der Lauf eines Gewässers komplett unterbrochen wird, um beispielsweise Wartungsarbeiten an den Turbinen durchzuführen. Nur ein weitgehend unbeeinflusstes Gewässer mit natürlichem Wasserstand kann den optimalen Lebensraum bieten, der heute leider kaum noch zu finden ist.

Platzmangel: Jede Kreatur benötigt ein gewisses Minimum an Platz, ohne den sie nicht auskommt. Bei den Fischen ist es genauso. Zu wenig Platz für den Einzelnen führt zwangsläufig zu sozialen Spannungen – sofern man bei Forellen von so etwas reden kann. In Flüssen, die mehr oder weniger direkt ins Meer münden, führt der Überbesatz an Bachforellen dazu, dass ein Teil der Fische nach einiger Zeit als Meerforellen den Weg ins Salzwasser suchen wird und abwandert. Zurück bleibt nur eine für das Gewässer tragfähige Population.

Sauerstoff

Welchen Sauerstoffgehalt muss ein Wasser aufweisen, um Lebensraum für Forellen zu sein? Zunächst einmal müssen wir uns darüber im Klaren sein, dass der Sauerstoffgehalt des Wassers und die Wassertemperatur immer zusammen betrachtet werden müssen, da sie untrennbar miteinander verbunden sind. Je höher die Temperatur des

> **TIPP**
>
> Forellen sterben bei Sauerstoffwerten unter 2,4 mg/l, Karpfen erst bei 0,7 mg/l. Der Mindestwert für eine ausreichende Versorgung mit Sauerstoff liegt für Forellen bei sechs und für Karpfen bei drei Milligramm pro Liter. Die restlichen heimischen Fischarten liegen ungefähr zwischen diesen beiden Eckwerten.

Wassers ist, desto stärker vermindert sich seine Fähigkeit, ausreichend Sauerstoff zu enthalten. Kaltes Wasser ist also gesetzmäßig immer sauerstoffreicher als warmes Wasser.

Temperaturabhängige Sauerstofflöslichkeit von Wasser							
°C	0	5	10	15	20	25	30
mg/l	14,1	12,3	10,9	9,7	8,8	8,1	7,5

Die Tabelle zeigt, dass Wasser mit einer Temperatur um den Gefrierpunkt fast doppelt so viel Sauerstoff binden kann wie Wasser mit 30 °C. Man kann daraus auch schließen, dass Fische, die kaltes Wasser bevorzugen, auch einen höheren Sauerstoffbedarf haben als solche, die sich im warmen Wasser wohl fühlen.

In Bezug auf Bachforellen bedeutet das, dass sie nur dort existieren können, wo das Wasser eine Dauertemperatur von 10 bis 15 °C aufweist, es aber niemals über 20 °C warm wird, und somit ständig mit Sauerstoff ausreichend gesättigt ist. Regenbogenforellen vertragen dagegen eine Dauertemperatur von 18 °C und kurzfristig sogar 24 °C.

Ohne Mampf, kein Kampf

Bereits bei der Beschreibung der Forellen wurde auf ihr Nahrungsspektrum kurz eingegangen. Meist ernähren sie sich in der Jugend in der Hauptsache von planktischen Kleinlebewesen wie Wasserflöhen und Wasserasseln. Etwas älter und etwa fingerlang beginnen sie, auf Wasserinsekten und Bachflohkrebse umzusteigen. Selbst große Forellenexemplare bleiben zwar – wohl für den kleinen Hunger zwischendurch – bei diesen Insekten, um aber weiter wachsen zu können, werden sie mit zunehmender Größe zu echten Jägern, die anderen Fischen nachstellen. Für unser Denkmodell des optimalen Lebensraumes bedeutet das: Um qualitativ den besonderen Ansprüchen von Forellen zu genügen, muss in einem Gewässer in erster Linie genügend Nahrung vorhanden sein, um alle Lebensstadien ausreichend zu ernähren. Ohne Mampf, eben kein Kampf! Verschlechtert sich die Wasserqualität in einem Fluss so sehr, dass die – oft sehr anspruchsvollen – kleinen Beutefische wie Koppe (Groppe) oder Elritze verschwinden, dann ist zu befürchten, dass auch die großen Forellen über kurz oder lang verschwinden werden. Eine gewisse Ausnahme bezüglich der Fischnahrung bilden die Kreideflüsse, die den Fischen durch ihr nährstoffreiches Wasser mannigfaltige Ernährungsmöglichkeiten bieten. Die Hauptnahrung der Forellen sind dort Wasserschnecken, die für sie leicht zu erbeuten sind und einen recht ordentlichen Happen darstellen. Für die Fische bedeutet das viel Nahrung ohne viel Aufwand. Die Kenntnis des Nahrungsspektrums der Fische wird vor allem bei der Auswahl der Köder – künstliche wie natürliche – interessant. Und gerade beim Fliegenfischen entscheiden solche Kenntnisse letztendlich häufig über Erfolg oder Misserfolg.

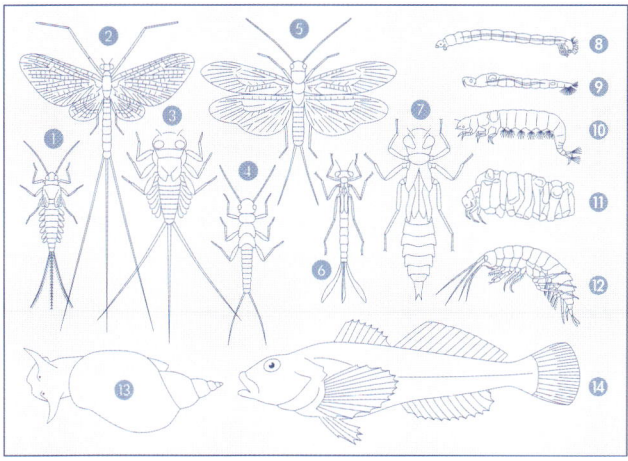

Das Forellenmenü – für jeden Geschmack etwas dabei:
① Eintagsfliegenlarve (Schwimmer-Typ)
② Eintagsfliege
③ Eintagsfliegenlarve (Klammerer-Typ)
④ Steinfliegenlarve
⑤ Steinfliege
⑥ Kleinlibellenlarve
⑦ Großlibellenlarve
⑧ Zuckmückenlarve
⑨ Zuckmückenlarve
⑩ Köcherlose Köcherfliegenlarve
⑪ Normale Köcherfliegenlarve
⑫ Bachflohkrebs
⑬ Wasserschnecke
⑭ Mühlkoppe (Groppe)

MIT WISSEN ZUM FANGERFOLG

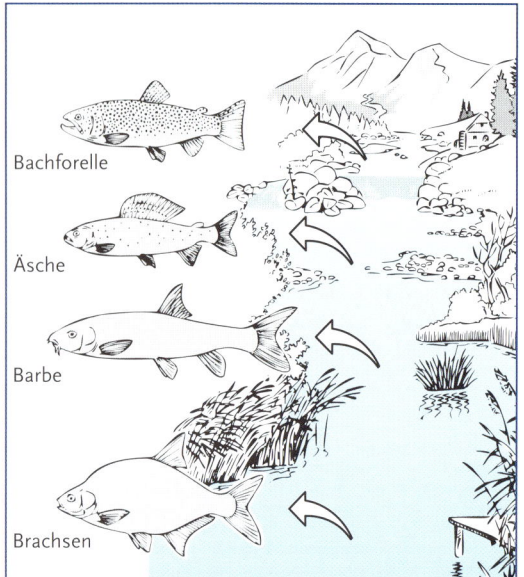

Fließgewässerzonierung nach Fischregionen. Strömungsgeschwindigkeit und Sauerstoffgehalt nehmen zur Mündung hin ab, die Wassertemperatur steigt.

Fast paradiesisch: Hinter jedem fünften Stein sitzt eine Forelle – das erfordert geringe Wurfweiten und viel Konzentration.

Die natürlichen Lebensräume der Forellen

Lebensraum Fließgewässer

Das Bestreben des Menschen, seine Umwelt möglichst lückenlos zu erfassen, zu definieren und zu kategorisieren, ist auch an der Limnologie (der Wissenschaft der Binnengewässer) nicht spurlos vorübergegangen. In jedem Lehrbuch findet sich eine Einteilung, auf die auch an dieser Stelle kurz hingewiesen werden soll. Alle Fließgewässer entspringen an irgendeinem Punkt in der Landschaft und ergießen sich irgendwann in einen See oder das Meer. Der Lauf, den ein Gewässer von seiner Quelle abwärts zwischen diesen beiden Punkten zurücklegt, wurde von den Limnologen in fünf Regionen eingeteilt, die sich über so genannte Leitfische definieren, welche für den jeweiligen Gewässerabschnitt typisch sind. Diese Regionen heißen: Forellenregion, Äschenregion (diese beiden werden auch unter dem Begriff Salmonidenregion zusammengefasst), Barbenregion, Brachsenregion sowie Kaulbarsch-Flunderregion (oder Brackwasserregion). Bei aller wissenschaftlicher Starrheit hat diese Einteilung doch fließende Grenzen. So finden sich beispielsweise Forellen bis in die Barbenregion hinein, auch wenn ihr Optimum wesentlich näher an der Quelle liegt.

Die Forellenregion und was man von ihr lernen kann

Die Forellenregion steht an oberster Stelle der Fließgewässerzonierung nach Leitfischen. Sie umfasst den Oberlauf mit Bergbächen, Bächen und Flüssen, der regelmäßig sehr kalt, nährstoffarm und sauerstoffreich ist. Pflanzen sind hauptsächlich unter Wasser vorhanden, der Gewässergrund besteht aus hartem Material mit einem nur minimalen Ansatz von feinen Sedimenten. Augenfällige Bewohner derartiger, sauberer Gewässer, die auch ein Laie mit wenigen Kenntnissen sofort identifizieren kann, sind beispielsweise Steinfliegen und deren Larven, Koppen und eben Bachforellen. Die Gewässertemperatur und damit verbunden der Sauerstoffgehalt dieses Abschnitts variiert im Tages- wie im Jahresverlauf nur vergleichsweise wenig. Die hohe Sauerstoffsättigung wird neben der niedrigen Temperatur auch durch den engen Kontakt des Wassers mit der Luft gewährleistet, der durch Verwirbelungen entsteht, bei denen sich die Oberfläche des Wassers um ein Vielfaches ausdehnt. Sauerstoffzehrung findet nur durch die Wasserorganismen oder Abwässer statt.

Lebensraum Seen

Forellen sind ohne Zweifel typische Bewohner der Fließgewässer. Doch findet man sie bisweilen auch in Seen, die allerdings dieselben Lebensbedingungen bezüglich der Temperatur und der damit einhergehenden überdurchschnittlich guten Sauerstoffversorgung aufweisen müssen, damit die Forellen dauerhaft überleben können. Man unterscheidet vier Seentypen, in denen Forellen regelmäßig vorkommen und in denen sie zur natürlichen Lebensgemeinschaft zählen. Diese Seen, der Bachforellensee, der Saiblingssee, der Seeforellensee und der Felchensee, findet man hauptsächlich in höheren

	Bachforellensee	Saiblingssee	Seeforellensee	Felchensee
Leitfischart	Bachforelle	Seesaibling	Seeforelle	Blaufelchen
Nebenarten	Seesaibling, (Regenbogenforelle), Elritze, Koppe, (Schmerle)	Bachforelle, Felchen, (Regenbogenforelle), Elritze, Koppe, (Schmerle)	(Regenbogenforelle), Bachforelle, Seesaibling, einige Felchenarten, einige Weißfischarten	Seeforelle, (Regenbogenforelle), Seesaibling, Weißfische, Barsch, Hecht
Lage	Hochgebirge bis ca. 2500 m ü. N.N.	Hochgebirge bis ca. 2500 m ü. N.N.	Vor- und Mittelgebirge	Voralpengebiet
Gewässergröße	meist kleine Becken	mittelgroß	mittelgroß	mittelgroß bis groß
Temperatur	sommerkalt	sommerkalt	sommerkalt	tiefere Wasserschichten sommerkalt
Zuflüsse	Gletscher und Quellen	Gletscher und Quellen	Bäche und Flüsse	Flüsse
Trophie	sehr nahrungsarm	sehr nahrungsarm	durch Nährstoffzufuhr der Flüsse deutlich besser, aber noch immer recht nahrungsarm	Nährstoffe werden in zunehmendem Maß durch die Flüsse eingetragen, insgesamt bessere Versorgung als die anderen Seentypen
Sohlsubstrat	Grundgestein mit Geröllauflage	Grundgestein mit Geröllauflage	Grundgestein mit Sedimentauflage	weichgründiger als die anderen Seentypen
Wassertiefe	bis ca. 50 m	über 100 m	über 100 m	weit über 100 (200) m
Max. Sichttiefe im Sommer	bis ca. 20 m	bis ca. 20 m	bis ca. 10 m	bis ca. 3 m
Uferform	sehr steil	sehr steil	steil	flacher
Unterwasserbewuchs	praktisch keiner	praktisch keiner	an den Rändern vorhanden	Bewuchs nimmt bis in größere Wassertiefen vor Rand her zu
Fazit	Dieser Seentyp zeichnet sich durch seinen sehr hohen Sauerstoffgehalt, verbunden mit der damit einhergehenden Nahrungsarmut aus. Die Fische fühlen sich wohl, wachsen aber nur sehr langsam.	Der Unterschied zum Bachforellensee besteht darin, dass dieser Seentyp größer und tiefer ist. In diesem Fall übernimmt der Seesaibling die Rolle als Leitfisch. Alle anderen Parameter sind dagegen praktisch gleich.	Auch dieser Seentyp ist kalt und klar, lediglich sein Nährstoffgehalt ist durch den Eintrag der Zuflüsse etwas höher, was aber noch keine gravierenden Auswirkungen auf seinen noch immer hohen Sauerstoffgehalt hat.	Die Nährstoffversorgung wird durch den Eintrag der Zuflüsse zusehends besser. Das wird daran deutlich, dass sich in den tiefen Wasserschichten die Nährstoffe sammeln und dadurch ganzjährig ein gewisser Sauerstoffmangel auftritt.

Der so genannte Forellensee

Neben den genannten natürlichen Seentypen, in denen die verschiedenen Forellenarten auch natürlich vorkommen, gibt es noch den so genannten Forellensee, ein meist mehr oder weniger von Menschenhand geschaffenes Gewässer, welches vom Betreiber mit Forellen (und anderen Fischarten) besetzt wird. Man löst dort eine Tageskarte, die zwischen 15 und 40 DM kostet und kann dann in der Regel so viel fangen, wie man zu fangen in der Lage ist. Das ist übrigens nicht immer so einfach, wie es auf den ersten Blick den Anschein hat! Der Vorteil derartiger Teichanlagen ist auf jeden Fall, dass selbst der Anfänger nach relativ kurzer Anlaufzeit dort Forellen fangen wird.

Keinesfalls wird man jedoch dort auf Anhieb verstehen lernen, dass ein guter Angeltag nicht zwingend ein Tag ist, an dem man besonders viele oder besonders große Fische fängt. Gerade als Anfänger sollte man sich bewusst sein, dass Angeln ein „sich in der Natur bewegen" ist und einem das Glück bei weitem nicht immer hold sein kann.

Regionen, sprich den Alpen und dem Voralpengebiet. Damit sich in ihnen eine Forellenpopulation von selbst erhalten kann, brauchen sie wenigstens einen passierbaren Zu- oder Abfluss, damit die Fische zur Fortpflanzung zu ihren Laichgebieten kommen.

Der Bachforellensee zeichnet sich durch sehr kaltes und sauerstoffreiches Wasser aus, da er normalerweise vom Schmelzwasser der Gletscher weit oben im Gebirge gespeist wird. Diese Seen (sie werden manchmal zusätzlich mit Regenbogenforellen und Saiblingen besetzt) sind meist sehr klein und ihre Bewohner wachsen auf Grund der Nahrungsarmut nur sehr, sehr langsam. Richtige

Leviathane findet man dort oben also eher selten, da die Nährfische, welche das Heranwachsen von großen Exemplaren erst ermöglichen, nicht häufig vorkommen.

Lebensraum Meer

An dieser Stelle ein paar Worte zum Lebensraum der Meerforelle. Wie schon zu Beginn erwähnt wurde, bewegt sie sich stärker in Küstennähe als der Lachs, ein Umstand, der sie für den Angler sehr interessant macht. Meerforellen halten sich dabei mit Vorliebe an unterseeischen Tangstreifen oder sonstigen für sie sicheren Unterständen auf. Der nackte Meeresboden ist für sie ein Graus. An die flache Küste oder in die Flussmündungen kommt sie in der Regel am Abend, wenn es anfängt dunkel zu werden, um zu jagen. Das Meer ist – wenigstens für mich als Landratte – vergleichsweise schwer zu „lesen". Aber im Grunde genommen geht es um dieselbe Frage wie in einem Fluss oder See, nämlich die Hot Spots, an denen sich die Fische regelmäßig aufhalten, herauszufinden. Neben jeglichem unterseeischen Bewuchs gehören auch Scharkanten (Bereiche, an denen der Meeresboden steil abfällt) genauso dazu, wie in die offene See reichende Buhnen oder zum Teil sogar Hafenanlagen. Letztere allerdings nur dann, wenn eine Strömung vorhanden ist, also beispielsweise ein Fluss durch sie hindurchfließt. In Schweden kann man in einigen Städten hervorragend auf Lachs und Meerforelle fischen und zwar nicht in den Außenbezirken irgendeines Dorfes, sondern mitten in Falkenberg oder sogar in Stockholm! Wer also vorhat, einmal hinter den Meerforellen herzustellen, ist am besten beraten, sich direkt vor Ort bei den dortigen Anglern zu erkundigen, da diese Fischerei eine gewisse Wissenschaft für sich ist, die regional sehr unterschiedliche Aspekte birgt.

Effizienter Räuber in allen Wassern – die Sinnesleistungen der Forelle

Nimmt man sich einmal ein paar Minuten Zeit, um eine Forelle eingehender anzusehen und darüber nachzudenken, wie sie gebaut ist und was man daraus schließen kann, kommt man bei ihrem Fang möglicherweise ein entscheidendes Stück weiter. Forellen haben einen spindelförmigen Körper, der auf ihren typischen Lebensraum, das Fließgewässer, schließen lässt. Dass sie bei Bedarf sehr schnell schwimmen kann, verrät ihr mit sehr kleinen Schuppen und einer Schleimschicht umgebenes Äußeres. Sie besitzt vergleichsweise große Augen, ein Indiz dafür, dass sie tagaktiv ist und sich stark mit Hilfe ihrer Augen orientiert, sie ist also ein „Augentier". Ihre Maulspalte ist groß und endständig und dafür geschaffen, auch mit größeren Happen, wie kleinen Fischen, zurechtzukommen. Ihr deutlich ausgeprägtes Seitenlinienorgan rundet das Bild der sensiblen Jägerin ab. Alles in allem ist sie ein effizienter Raubfisch, dessen Fang, auf Grund seiner guten Wahrnehmungsfähigkeit, nicht immer einfach ist.

Eine prächtige Regenbogenforelle lässt sich blicken.

Ferntastsinn

Der Ferntastsinn ist bei Forellen außerordentlich gut entwickelt. Er funktioniert mit Hilfe der Seitenlinie, einem Organ, mit dem Fische in der Lage sind, selbst kleinste Bewegungen unter Wasser wahrzunehmen. Für die Forelle ist dies besonders in stark getrübtem Wasser oder bei Dunkelheit wichtig. Das Organ besteht aus einer Reihe von Sinneszellen, die sich an den Flanken entlang der Körpermitte des Fisches zwischen Kopf und Schwanz befinden. Diese Rezeptoren liegen unter einem feinen, schleimgefüllten Kanal, der die Druckschwankungen des Wassers auf diese Sinneszellen überträgt. Dieses Organ ist sehr sensibel und wird dem Angler beim Watfischen oder Umherstapfen am Ufer oftmals zum Verhängnis.

Sehvermögen

Die Augen sind bei der Forelle gut entwickelt, obwohl sie, wie fast alle anderen Fische, als gnadenlos kurzsichtig gilt. Das Fischauge ist auf Nahsicht eingestellt, ganz im Gegensatz zu allen anderen Wirbeltieren. Es kann jedoch durch Heranziehen der Linse auf Entfernungen fokussiert werden. Das funktioniert jedoch nur bedingt, jenseits der Zehn-Meter-Marke bleibt das Bild unscharf. Forellen können Bewegungen und manche Farben wahrnehmen. Allerdings ist man sich bis heute nicht ganz sicher, welches Farbspektrum abgedeckt wird. Man vermutet, dass sie, neben einigen andere Farben, rot und gelb voneinander unterscheiden können. Das Fischauge ermöglicht einen Bildausschnitt von fast 180 Grad, der jedoch nur sehr unscharf ist. Direkt vor dem Kopf, also im Schnittpunkt der beiden Bildausschnitte, gibt es bei der Forelle allerdings eine Überlappung von ungefähr 30 Grad, in der der Fisch scharf sieht. Interessant ist auch das Sichtfenster, welches ihm nach oben zur Verfügung steht. An der Wasseroberfläche bricht sich das Licht, so dass sich der Blickwinkel vergrößert, und Objekte über dem Standplatz wahrgenommen werden können, die dem Fisch ohne diesen Brechungseffekt verborgen blieben. Ebenso verändert sich das Sichtfenster mit dem Abstand, den der Fisch zur Wasseroberfläche hat: je höher ein Fisch steht, desto kleiner ist sein Sichtfenster. Wenn wir uns einer Forelle seitlich nähern, sieht sie uns zwar nicht scharf, aber sie sieht uns! Das heißt, man sollte sich beim Anpirschen an eine gesichtete Forelle immer klein machen, um seine Silhouette möglichst unauffällig zu halten und nötigenfalls sogar auf den Knien in Wurfposition rutschen.

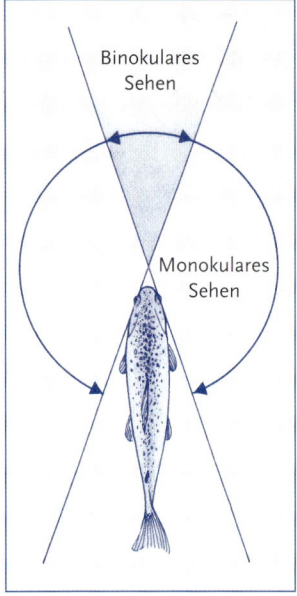

Das Gesichtsfeld der Forelle im Wasser

Hörvermögen

Auch das Gehör ist bei Forellen einigermaßen gut entwickelt, wobei manch andere Fischart, wie der Wels und der Karpfen, ein wesentlich feineres Gehör haben. Das liegt daran, dass es bei ihnen eine Verbindung zwischen der Schwimmblase und dem Gehör gibt. Dies hat den Effekt, dass die Schwimmblase als – verglichen mit der Gesamtgröße des Fisches – riesige Antenne fungiert. Der Hörbereich von Fischen bewegt sich zwischen etwa 30 und 18000 Hz (Hertz = die physikalische Maßeinheit für Schwingungen pro Sekunde). Zum Vergleich: Der Mensch hört Frequenzen ab 18 und bis 20 000 Hz. Wie bei anderen Wirbeltieren hängen Gehör und Gleichgewichtssinn auch bei Fischen miteinander zusammen. Das entsprechende Organ, welches Innenohr genannt wird, liegt direkt unterhalb der Kiemendeckel.

Angler leben vom Erzählen und Zuhören des viel gerühmten Anglerlateins, aber eine allzu laut erzählte

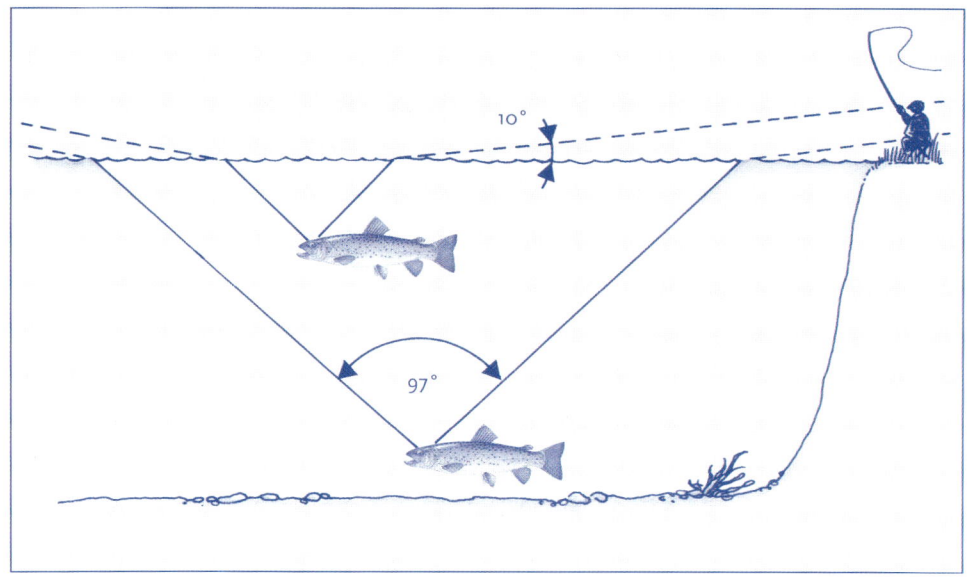

Das Sehen aus dem Wasser: Durch die Brechung an der Wasseroberfläche erweitert sich das Gesichtsfeld des Fisches außerhalb des Wassers.

Anekdote am Wasser, die vom Mitstreiter dazu noch mit einem herzlichen Lacher quittiert wird, ist Gift für den späteren Fangerfolg. Nicht dass Forellen keinen Spaß verstehen würden, aber wenn es am Ufer zu laut wird, gehen sie für einige Zeit auf Tauchstation!

Geruchs- und Geschmackssinn

Der Geruchs- und Geschmackssinn wird manchmal auch unter dem Begriff chemischer Sinn zusammengefasst. Er ist bei den meisten Fischen gut, bei manchen sogar phänomenal entwickelt, die Forellen liegen ungefähr in der Mitte. Ihre Nasenöffnungen befinden sich vor den Augen und enden in den Riechgruben, die sehr dicht mit Rezeptoren besetzt sind. Die Geschmacksorgane, in Form von Anhäufungen der entsprechenden Rezeptoren, befinden sich nicht nur *im* Maul des Fisches, sondern auch außerhalb an den Lippen. Diese „Alarmanlage" des Fisches beim Fischen mit künstlichen Ködern zu überlisten, bedarf deshalb einiger Tricks, die im Kapitel „Spinnfischen auf Forellen" unter „Tödliche Spezialköder" zu finden sind. Inwieweit sich Forellen an dem für sie unnatürlichen Geruch beziehungsweise Geschmack der Köder und Schnüre stören, vermag man natürlich nicht genau zu sagen. Ich denke, dass sie in Situationen, wo ihre Gier und ihr Jagdtrieb einfach größer sind als ihre Vorsicht, den angebotenen Köder bedenkenlos nehmen. Haben sie jedoch genügend Zeit zu einer eingehenderen Prüfung, kommt es immer wieder zur Ablehnung.

Bei Salmoniden spielt der chemische Sinn eine besondere Rolle bei der Laichwanderung. Vor allem der Lachs muss sich auf ihn verlassen, wenn er am Ende seiner langen Laichwanderung das Gewässer aufsucht, wo er einst dem Ei entschlüpfte.

Fliegenfischen auf Forellen

Das Fischen mit künstlichen Ködern ist zwar nicht so alt wie das Angeln mit natürlichen Ködern, hat aber mittlerweile auch schon über 500 Jahre auf dem Buckel. Künstliche Fliegen fanden erstmals 1496 im Buch „A Treatyse of Fysshynge wyth an Angle" der englischen Äbtissin Dame Juliana Berners Erwähnung. Sie beschrieb eindrucksvoll die Herstellung der ersten künstlichen Fliegenmuster mit Hilfe von Wollfäden und Vogelfedern.

„Die Fischer aber binden rote Wolle um einen Haken und befestigen auf der Wolle zwei Federn, die unterhalb der Kehllappen eines Hahnes wachsen und von wächserner Farbe sind."

Dame Juliana Berners

Die ersten Schritte

Die erste Assoziation, die die allermeisten Menschen bezüglich der Forelle haben ist: Essen. Aber sofort danach wird sie besonders mit einer Angelart in Verbindung gebracht, dem Fliegenfischen; eine Angelart, die erst durch die Forelle zu dem wurde, was sie heute ist. Die entspannende, manchmal nervenaufreibende, stets aktive Jagd auf Salmoniden und andere Räuber mit Hilfe künstlicher Insekten und einer vollendet eleganten Wurftechnik. Doch was braucht's – abseits aller Schwärmereien – zum Fliegenfischen auf Forellen ganz praktisch?

Ohne den nötigen Durchblick ist es für den Anfänger meist recht schwierig, sich durch das Fachchinesisch der Fliegenfischer durchzufinden. Das führt dann beispielsweise zum Kauf und Verkauf von Angelruten, die im Laden zwar ein echtes Schnäppchen sind, sich am Wasser jedoch als völlig ungeeignet entpuppen. Bestes Beispiel: Oft bringen Anfänger ihre eigene Ausrüstung zu meinen Wurfkursen mit, um deren Tauglichkeit von mir prüfen

Rutenbau-Materialien aus drei Generationen: Kohlefaser, Hohlglas und gespließter Bambus

zu lassen. Mit Sicherheit ein Drittel der Leute taucht mit Angelruten auf, deren hohe Schnurklasse sich bereits für die leichte Lachsfischerei (!) eignet. Verkauft wurden ihnen diese Ruten aber bisweilen zum Fischen auf heimische Arten wie Forellen oder Döbel.

Von Fliegenruten

Material

Moderne Fliegenruten sind in aller Regel aus Kohlefaser gefertigt und enorm leicht. Eine gängige, 8 Fuß lange Fliegenrute aus Kohlefaser wiegt (ohne Rolle) nur zwischen 60 und 90 Gramm (mein Lieblingsvergleich aus dem Alltag: Stellen Sie sich eine Tafel Schokolade vor, die hat 100 Gramm!). Hin und wieder begegnet man am Wasser auch gespließten (Bambus-)Ruten, einer Hommage an vergangene Zeiten, die allerdings nichts für Anfänger sind. Diese Ruten bestehen aus Bambusspleißen, also aus den gespaltenen Stücken des Tonkinrohrs, welche, nachdem man sie passend zurechtgehobelt hat, wieder zu einem Rutenblank zusammengeleimt werden, auf den dann die Ringe kommen. Diese sehr schönen – und oft mehrere Tausend Mark teuren – Geräte verlangen, da es sich bei ihnen um ein Naturmaterial handelt, bei weitem mehr Pflege als die „leblose" Kohlefaser.

TIPP

Sonderangebote sind für den Anfänger zum Großteil ungeeignet und als solcher sollte man, ohne entsprechendes Fachwissen, niemals seine Ausrüstung alleine kaufen. Am besten ist man beraten, wenn man bereits vor dem Kauf der Ausrüstung einen erfahrenen Fliegenfischer hinzuzieht und diesen dann auch in den Laden mitnimmt. Es lohnt sich in jedem Fall!

Länge

Fliegenruten werden für alle nur erdenklichen Situationen, also vom Einsatz am breiten Lachsfluss bis hin zum schmalen Wiesenbächlein, gebaut. Und da sich innerhalb dieses Rahmens die Anforderungen an die Wurfweiten sowie die Belastungen im Drill erheblich unterscheiden, gibt es Ruten von 6 bis 16 Fuß Länge.

Es ist eigentlich nicht möglich zu sagen, wie lang eine Rute für das Forellenfischen sein soll, da es *das* Forellenfischen per se genauso wenig gibt wie *die* Forelle. Ein Anfänger ist jedoch mit einer Rute zwischen 8,5 und 9 Fuß am besten beraten.

> **TIPP**
>
> Häufig verwendete Kürzel zur Beschreibung der Ruten sind # für Schnurklasse und ' für Fuß. Beispiel: 9' / #5 bedeutet, dass die Rute neun Fuß lang, und für die Schnurklasse 5 ausgelegt ist. Diese Kürzel sind, wie so vieles beim Fliegenfischen, aus dem Englischen.

Welche Schnurklasse für welchen Zweck?

Schnurklasse 1–3 Leichteste Fischerei auf kleine Weißfische und extrem scheue Salmoniden bei Windstille. Nur für Könner!

Schnurklasse 4 Leichte Fischerei auf Salmoniden und Weißfische. Noch nichts für den absoluten Anfänger!

Schnurklasse 5 Allroundklasse: Für den Anfänger die Untergrenze, der Geübte deckt mit dieser doch noch leichten Schnurklasse die meisten Situationen ab. Allerdings etwas zu leicht zum Streamern.

Schnurklasse 6 Die beste Schnurklasse schlechthin, um das Fliegenfischen zu erlernen! Nicht zu sensibel, aber auch nicht zu schwer. Und bei (fast) jedem Wind noch einsetzbar.

Schnurklasse 7–8 Der Hauptbereich der Streamerfischerei; vor allem auf Hecht. Ferner gut für Grilse (Sommerlachse).

Schnurklasse 9 Die Schnurklasse für das Fliegenfischen im Salzwasser auf Bonefish und Co. Sehr typisch: 9' / #9 (9 Fuß lang, Schnurklasse 9). Auch leichtes „Zweihandkaliber".

Schnurklasse 10–12 Die klassischen Gewichte für die Zweihandrute, hauptsächlich auf Lachs. Bereits recht schwer und viel Arbeit zum Werfen!

Ab Schnurklasse 13 Sehr schwere Fischerei mit der Zweihandrute und schwere Salzwasser-Fliegenfischerei; eher die Ausnahme.

Wurfgewicht

Da beim Fliegenfischen keine Montage im herkömmlichen Sinn verwendet wird, sehen die Parameter zur Beschreibung dessen, was eine Rute zu leisten vermag, ebenfalls anders aus, als auf einer herkömmlichen Angelrute. Statt der Angabe des Wurfgewichts in Gramm findet sich auf jeder Fliegenrute eine Zahl oder eine Reihe von Zahlen, für welche Schnurklasse(n) sie ausgelegt ist, also wie stark sie belastbar ist.

Dazu muss man verstehen, dass die Fliegenschnur selbst, die ja erheblich dicker und schwerer ist als eine herkömmliche Angelschnur, das Wurfgewicht beim Fliegenwurf ist. Fischt man bei Windstille mit ultraleichtem Gerät ausgesprochen fein auf kleine Weißfische, würde man vielleicht die Schnurklasse 1 verwenden. Und die extrem schwere Fischerei im zeitigen Frühjahr auf den silbernen Lachs mit der Zweihandrute würde die Schnurklasse 12 oder gar 13 verlangen. Aber bleiben wir auf dem Teppich!

> **TIPP**
> Für die Fischerei auf Forellen gängiger Größe in unseren Breiten deckt man alle erdenklichen Situationen mit den Schnurklassen 4 bis maximal 7 ab, wobei man mit der Schnurklasse 5 sicher 90 % aller Situationen gemeistert bringt.

Die Qual der Wahl beim Rutenkauf

Technisch gesehen ist es unmöglich, vorzuschlagen, was für eine Rute man zum Forellenfischen braucht, da es *das* Forellenfischen an sich nicht gibt. Eines ist jedoch möglich, nämlich die Sache vom Werfen her aufzurollen: den Fliegenwurf erlernt man am einfachsten mit einer Kohlefaserrute der Schnurklasse 5 bis 6, die eine Länge von 8,5 bis 9 Fuß hat.

Die Aktion der Rute sollte unter allen Umständen vollparabolisch oder semiparabolisch sein und keine Spitzenaktion haben. Eine Rute muss nicht zwingend mehr als 200 DM kosten, egal was Ihnen der Verkäufer erzählt, sie sollte aber in jedem Fall die oben genannten Eigenschaften besitzen.

Fliegenrollen

Sie bergen ein seltsames Geheimnis. Es zu entdecken hat mich einige Jahre gekostet; ich möchte es hier mit Ihnen teilen: Die Rolle ist der einzige Teil der gesamten Ausrüstung, an dem man ohne Einbußen beim Angeln eine Stange Geld sparen *könnte*, denn sie hat bei der Größe der Fische unserer Breiten einzig und allein die Aufgabe, die Schnur zu bunkern. Gleichzeitig sind nur die wenigsten Angler in der Lage, sich dem Reiz einer so einfachen wie schönen (und leider auch oftmals sündhaft teueren) Fliegenrolle zu entziehen. Und auch ich würde nur sehr ungern auch nur eine einzige wieder herausrücken.

Für jeden Geschmack etwas dabei: Die Rollenvielfalt heutzutage ist fast grenzenlos.

Technisch betrachtet handelt es sich bei Fliegenrollen dem Prinzip nach um die Nottingham-Rolle, den ältesten, noch gebräuchlichen Rollentyp überhaupt. Sie besitzt in ihrer Urform weder eine Übersetzung, noch ein aufwendiges Bremssystem. Einzig und allein leicht muss sie sein, damit sie auch nach einigen Stunden werfen nicht zur Last wird.

Das wird unter anderem dadurch erreicht, dass die Seitenteile perforiert sind. Fliegenrollen werden aus Kunststoff oder Metalllegierungen gefertigt und kosten – Stand 2000 – zwischen 30 und 3000 DM.

Um es noch mal deutlich zu sagen: Ich bin der festen Überzeugung, dass beispielsweise ein sehr aufwendiges Bremssystem keine Notwendigkeit für den Anfänger, sondern eher ein teurer Luxus für den Routinier ist, der großen Spaß macht, sofern man sich den leisten möchte und kann.

Für die meisten Modelle sind auch Ersatzspulen erhältlich, die es dem Angler ermöglichen, mehrere Spulen, mit verschiedenen Schnurtypen bestückt, griffbereit zu haben.

Fliegenschnüre

Die Fliegenschnur ist, neben der Rute, der zentrale Punkt des Werfens. Sie besteht aus einer meist aus Nylon geflochtenen Seele, die mit einem geschmeidigen Kunststoff ummantelt ist, dessen Gewicht (bei einer schwimmenden Schnur) etwas leichter als das des Wassers ist. Als Wurfgewicht kommt ihr besondere Bedeutung zu. Aus diesem Grund sollte man niemals an der Fliegenschnur sparen! Ein Beispiel: Beim Beobachten eines Fliegenfischers fiel mir auf, dass die mangelnde Wurfweite nicht zur sonst guten Qualität seiner Wurftechnik passte. Der arme Kerl bekam einfach nicht genug Schnur aufs Wasser! Im Gespräch mit ihm stellte sich dann heraus, dass er erst wenige Wochen mit der Fliege fischte und seine Schnur (die, wie sich dann herausstellte, beim Werfen nahezu in den Ringen *klebte*) für nur ein paar Mark erstanden hatte. Er wirft jetzt – ohne Spezialtricks, sondern nur mit einer anständigen Schnur ausgestattet – um ein Drittel (!) weiter als vorher.

Obwohl es Fliegenschnüre in sehr vielen Variationen (schwimmend, langsam und schnell sinkend, teilsinkend, usw.) gibt, kommt für den Anfänger einzig und allein eine so genannte Trockenschnur (also eine Fliegenschnur, die auf der Wasseroberfläche schwimmt) in Frage. Über alles andere kann man nachdenken, wenn einmal ein Sommer ins Land gegangen ist und man mit der „Trockenen" so weit klar kommt. Die Schnurformen entwickeln sich zwischenzeitlich immer mehr zur (Pseudo-)Wissenschaft. Es gibt alle möglichen und unmöglichen Formen, letztere scheinen mir mehr ein Verkaufsgimmick zu sein, da ich keinen Sinn darin sehe, für jede Wetterlage oder Fischart eine spezielle Schnur zu verwenden. Das Rad lässt sich eben nicht zweimal erfinden.

> **TIPP**
>
> Der Anfänger sollte zwischen einer WF- (weight forward) Keulenschnur, einer DT- (double taper = doppelt verjüngte) Schnur oder vielleicht noch einer Triangle Taper-Schnur wählen und von anderen (wenigstens vorerst) die Finger lassen. Welche von den dreien die beste ist, darüber scheiden sich seit jeher die Geister. Reden Sie mit einem erfahrenen Fliegenfischer, lassen Sie sich die spezifischen Vor- und Nachteile erklären und werfen Sie die unterschiedlichen Schnüre. Alle haben ihre Stärken und Anhänger.

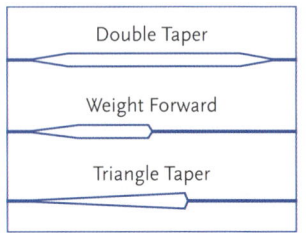

Die wichtigsten Fliegenschnur-Formen (Tapers):
Doppelseitig verjüngte Schnur (DT)
Keulen- oder Torpedoschnur (WF)
Triangle Taper (TT)

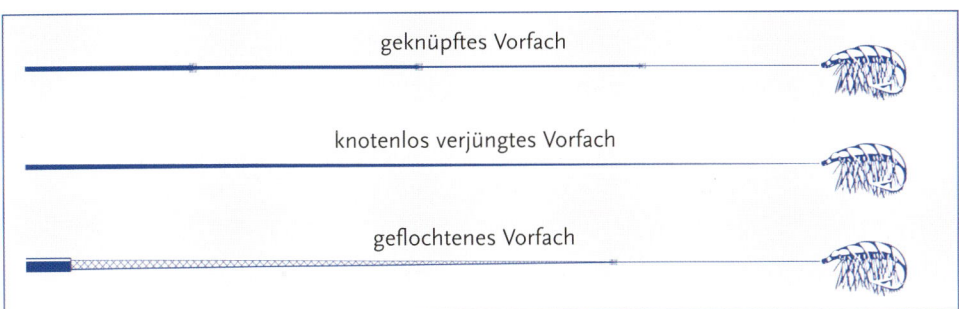

Vorfächer für das Fliegenfischen

Fliegenvorfächer

Das Vorfach ist die Verbindung zwischen der Fliegenschnur und der Fliege. Es wird entweder mit dem Ende der Fliegenschnur verknotet oder mittels einer kleinen Schlaufe, die aus einer Geflechtröhre besteht, an ihr befestigt. Das Vorfach verjüngt sich von anfangs ungefähr der Stärke der Fliegenschnur bis zur Spitze, an die die Fliege angeknotet wird und deren Durchmesser je nach Einsatzgebiet und Fliegengröße variiert.

Es gibt drei Arten von Vorfächern: besagte Geflechtröhren, die auf die Fliegenschnur geschoben werden, aus einzelnen Monofilstücken geknüpfte Vorfächer und knotenlos verjüngte. Letztere sind überholt: Von ihrer Verwendung ist abzuraten. Am Anfang eignen sich die Geflechtröhren am besten, da ihre Montage einfach ist, sie relativ günstig sind und das Geflecht erstaunlich viele Hänger wegsteckt, ohne dabei Schaden zu nehmen. Und Hänger, meist im hohen Gras hinter dem Angler oder an den Büschen auf der gegenüberliegenden Uferseite, gibt's erfahrungsgemäß am Anfang zuhauf.

Die geknoteten Vorfächer kann man mit ein wenig Übung selber herstellen (was sie enorm verbilligt), indem man verschieden starke Monofilstücke mit annähernd gleicher Länge mit Blood-Knoten hintereinander bindet.

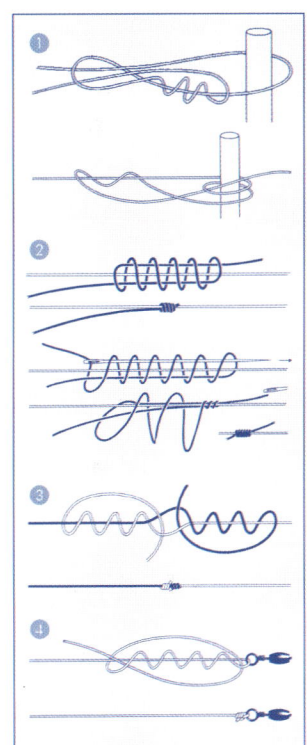

①: Spulenachsen-Knoten (Arbour Knot), Variante 1 und 2
②: Nagelknoten (Nail Knot)
③: Fassknoten (Blood Knot)
④: Wirbelknoten Improved Clinch Knot)

Je eine Reihe (von oben): Trockenfliegen, Nassfliegen, Nymphen, Streamer

Ihr Riesenvorteil ist ihre wunderbare Fähigkeit der praktisch ununterbrochenen Kraftübertragung auf die Fliege. Kein anderer Vorfachtyp hat bessere Abrolleigenschaften. Beim Ablegen der Fliege auf die Wasseroberfläche geht zuerst die Schnur, dann das Vorfach und zum Schluss die Fliege nieder. Letztere soll „wie eine Schneeflocke" auf die Oberfläche fallen und, im wahrsten Sinne des Wortes, keine Wellen machen.

Fliegen

Ich erinnere mich, als ich das erste Mal – das war in Schottland – vor einer Schublade mit Fliegen stand, wie man sie bei uns mittlerweile nur noch selten findet: Ihr Deckel bestand – wohl eher des Luftzugs als der Langfinger wegen – aus einer zerkratzten Glasscheibe und hatte 50 oder 60 kleine Fächer, ungefähr in der Größe von Streichholzschachteln, aus honigfarbenem Holz mit ebenso vielen unterschiedlichen Fliegenmustern darin. Dieses bunte, geordnete Chaos, das diese Fächer beherbergte, übte eine unwiderstehliche Faszination auf mich aus, die mich bis zum heutigen Tag nicht mehr losließ.

Doch irgendwann kommt der Tag (bei manchen der Fliegenfischer-Zunft kommt dieser Tag nie...), an dem die Fliege etwas an Bedeutung verliert, da man begreift, dass nicht die exakte Kopie des Originals, sondern die fehlerlose Präsentation der Fliege den Erfolg bringt. Die künstliche Fliege sollte dem Original am Wasser in Bezug auf seine Grundfarbe, seine Silhouette und seine Größe *ungefähr* entsprechen. Alles, was darüber hinausgeht, dient nicht der Notwendigkeit der Sache, sondern dem Ego des Fliegenbinders. Letztere kreieren mitunter Kunstwerke, die von den Vorbildern nur schwer zu unterscheiden sind.

Das Fliegenbinden ist ein absolutes Muss für jeden „echten" Fliegenfischer, selbst wenn er es sich leisten kann, seine Fliegen zu kaufen. Es ist einfach zu erlernen, verkürzt die langen Winterabende (frei nach dem Motto: Fliegenbinden statt Musikantenstadel!) und bringt einen auch bezüglich des Angelns ein gutes Stück weiter, da man sich intensiv mit einem Teil des Nahrungsspektrums der Fische auseinandersetzt. Und von Seiten der Qualität weiß man genau, was man hat bzw. muss niemand anderem die Schuld in die Schuhe schieben, wenn sich nach zwei Leerwürfen die Fliege in ihre Bestandteile auflöst oder man im Drill die Forelle seines Lebens verliert, weil der Haken nichts taugt.

Herr der Fliegen

Aber was macht, abgesehen vom Muster, sondern rein technisch betrachtet, eine gute Fliege aus? Sie braucht einen scharfen Haken von exzellenter Qualität als Basis. Viele – selbst teure – Fliegen werden auf Haken mangelnder Qualität gebunden, deren Stahl entweder zu hart (die Fliegen brechen bereits bei leichten Hängern oder im Drill ohne Vorwarnung einfach ab) oder zu weich (der Hakenbogen biegt sich bei Belastung im Drill auf) ist. Eine gute Möglichkeit, die Qualität des Stahls zu prüfen, ist, den Haken in einen Bindestock (die Miniaturausgabe

Eine neue Fliege entsteht im Bindestock.

Darauf „fliegen" Forellen – bewährte Muster

Die folgende Auswahl hat sich, unter Berücksichtigung der genannten Kriterien, an vielen Flüssen auf der ganzen Welt bewährt:

Trockenfliege	CDC Muster, Wickham's Fancy, Rehhaar Sedge, Red Tag/Hexe, Royal Coachman, Mosquito, Palmer, BWO, Yellow Sally
Nassfliege	Blue Dun, March Brown, Emerger, Alexandra, Bloody Butcher
Nymphe	Goldkopf, Ritz D, Gammarus, Hare's Ear, Pheasent Tail
Streamer	Muddler Minnow, Wooly Bugger

> **TIPP**
>
> Für eine Fliege eines gängigen Musters bezahlt man in Deutschland mittlerweile zwischen 2,50 und 6 DM. Ein Blick über den Kanal nach Großbritannien lohnt sich: Kunstfliegen kosten dort oft nur die Hälfte!

eines Schraubstocks zum Herstellen von künstlichen Fliegen) einzuspannen und den Schenkel am Öhr mit dem Zeigefinger in Schwingung zu versetzen. Ein zu weicher Haken verbiegt bereits bei dieser Probe, ein zu harter bricht häufig ab. Ist der Stahl in Ordnung, dann ertönt ein freundliches „Ping" und das gute Stück ist sein Geld wert.

Das nächste, worauf man achten sollte, ist, ob der Kopfknoten sauber gebunden und mit Lack versiegelt ist. Schlecht gebundene Kopfknoten können einem wirklich den Tag versauen, wenn sich eine Fliege nach der andern schon nach ein paar Leerwürfen in ihre Einzelbestandteile auflöst. Des Weiteren sollte eine (Trocken-)Fliege sehr gut schwimmen, was die Verwendung von hochwertigen Hecheln voraussetzt. Diese stammen von der Halskrause des Haushahns, den manche Firmen speziell für diesen Verwendungszweck züchten. Gute Trockenfliegenhecheln sind von großer Steifheit, damit sie gut im Oberflächenfilm des Wassers aufsitzen. Abseits der reinen Herstellungstechnik muss die Fliege für den Anfänger auch bei bescheidenen Lichtverhältnissen noch gut sichtbar und möglichst einigermaßen günstig sein.

Nichtsdestotrotz möchte ich davon Abstand nehmen, Ratschläge zu geben, wann man welche von den Fliegen wo und wie Fischen muss, um tatsächlich erfolgreich zu sein. Denn für allgemeine Ratschläge oder gar Regeln gibt es einfach zu viele Ausnahmen. Am besten selber am Wasser ausprobieren!

Tödliche Spezialköder

Bei der Jagd auf große Forellen hat sich ein Köder aus den USA in den letzten Jahren unter Insidern einen Namen gemacht: Die Rehhaar-Maus! Bei ihr macht man sich den Umstand zunutze, dass mitunter eine Maus im Wasser landet und schleunigst versucht, wieder ans Ufer zu

Noch wehrt sie sich – Regenbogenforelle im Drill.

gelangen. Für eine starke Forelle ist das ein nicht zu verachtender Happen, für den sie lange Insekten von der Oberfläche pflücken müsste. Für die Nachbildung werden in der einfachsten Form einige Büschel Rehhaar auf einen großen Haken gebunden, die mit einer Schere „mauskörperartig" zurechtgestutzt werden, um die entsprechende Silhouette zu imitieren. Die tollsten Ausführungen haben Knopfaugen aus dunklen Glasperlen, kleine Öhrchen aus Leder und einen Lederstreifen als Schwanz. Doch trotz ihres putzigen Aussehens haben sie zwei, für einen künstlichen Köder ausgezeichnete Eigenschaften: Durch die große Menge Rehhaar schwimmen sie hervorragend und sie fangen richtig dicke „Oschis"! Gefischt werden sie in der fortgeschrittenen Dämmerung, indem man sie in Ufernähe merklich ins Wasser plumpsen lässt und mit kleinen, hektischen Bewegungen in Richtung Ufer bewegt. Dazu steht man am besten in Richtung Gewässermitte und wirft mit einer langen Rute stromab gegen das Ufer.

Fliegenfischerausrüstung

Sinnvolles Zubehör

- Fischereischein und Erlaubniskarte für das jeweilige Gewässer
- Eine kleine Arterienklemme als Hakenlöser
- Fischtöter
- Bandmaß
- Messer mit scharfer, dünner Klinge
- Fliegendosen mit Kunstfliegen
- Einige Rollen Monofil in unterschiedlichen Stärken (0,30 bis 0,10 Millimeter)
- Fliegenfett in einem kleinen Behälter, der auch an heißen Tagen dicht bleibt
- Schere oder „Fliegenfischer"-Clip zum Kürzen von Monofil
- Polarisationsbrille (bricht die Wasserspiegelungen und ermöglicht dem Angler den weitaus ungestörten Blick unter die Wasseroberfläche)
- Fliegenweste oder Anglertasche
- Watstiefel oder Wathosen (möglichst mit Filzsohlen, da sie beim Waten den besten Halt bieten)
- Kescher
- Rutenfutteral
- Kopfbedeckung
- Der Witterung angepasste, am besten atmungsaktive Bekleidung

So fischt man mit der Fliegenrute

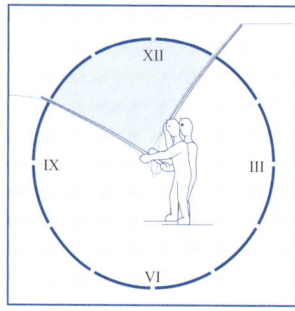

Wurfuhr

Es ist schon ein Dilemma: Auf der einen Seite sollte man in einem solchen Buch versuchen, einen Anfänger möglichst umfassend auf ein Thema vorzubereiten, andererseits ist es im Falle des Werfens mit der Fliegenrute einfach nicht möglich, das zu schaffen. Vielleicht können wir uns darauf einigen, dass es sich hier um nicht mehr als eine Einführung handelt. Und denjenigen, denen es mit dem Lernen wirklich ernst ist, kann ich nur wärmstens ans Herz legen, einen Wurfkurs bei einem erfahrenen Fliegenfischer oder einer Fliegenfischerschule zu machen, wobei eine hohe Kursgebühr nicht in jedem Fall für eine gute Ausbildung steht.

Wurfbereich

Man stelle sich vor, dass man neben dem Zifferblatt des Big Ben in London steht. Der Kopf zeigt nach 12 Uhr, die Füße nach 6. Mit dem Gesicht steht man in Richtung 9 Uhr, mit dem Rücken gegen 3. Würde man nun eine Fliegenrute werfen, würde sich der **Wurfbereich** zwischen 10 Uhr vorne und 1 Uhr hinten bewegen, wobei vor allem der hintere Stopp bei 1 Uhr unerlässlich ist. Sinkt man sowohl vorne wie hinten weiter ab, dann hat das im wahren Leben meist den Verlust der Fliege zur Folge (wir erinnern uns: Standardmuster zwischen 2,50 und 6 DM), weil sie an irgendeinem Punkt den Boden berühren wird. Dumm gelaufen ... Also: Wurfbereich unbedingt einhalten!

Rutenhaltung

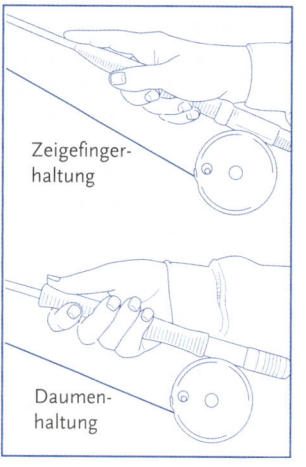

Rutenhaltung

Zeigefingerhaltung

Daumenhaltung

Um das oben genannte zu unterstützen, nimmt man die Rute so in die Hand, dass der Zeigefinger obenauf liegt. Das heißt sinnigerweise Zeigefingerhaltung und hat zwei entscheidende Vorteile: zum einen ist es viel schwerer, das Handgelenk so beim Rückschwung nach hinten abzuknicken (ein Kapitalverbrechen), andererseits zeigt man mit dem Finger genau aufs Ziel, wenn man die Schnur in Richtung Fisch sausen lässt.

Handgelenk

Viele (leider viel zu viele ...) Fliegenfischer werfen aus dem Handgelenk und sind damit zufrieden, ihre Fliege mit einer leichten Rute im Umkreis von vielleicht 15 Metern dorthin zu bekommen, wo sie sie haben wollen. Drückt man den Jungs dann eine schwere Einhandrute in die Hand, oder sind sie gezwungen, über längere Zeit wesentlich weiter zu werfen, dann müssen die meisten nach ein paar Stunden wegen eines Tennisarms (kein Witz!) aufgeben, da das menschliche Handgelenk für solche Belastungen nicht konstruiert ist.

Lösung: Das Handgelenk bleibt während des Werfens blockiert, der Wurf erfolgt mit dem Unterarm.

Timing

Unter dem Timing versteht man in diesem Fall, dass man der Schnur genügend Zeit geben muss, sich in der Luft zu strecken, bevor man zum Schwung in die andere Richtung ansetzt. Das ist übrigens der Unterschied zur Peitsche, mit der das Werfen (fälschlicherweise) oft verglichen wird: Bei der Peitsche reißt man die Schnur in die entgegengesetzte Richtung, bevor sie sich gestreckt hat. Das Ergebnis ist, wie wir alle wissen, ein lauter Knall, der uns, wenn wir mit der Fliegenrute peitschen, die Fliege abreißt (2,50 bis 6 DM ...).

Darum: Bei Vor- wie Rückschwung braucht die Schnur eine kleine Verzögerung, um sich strecken zu können, die übrigens um so länger wird, je mehr Schnur in der Luft ist. Wenn es knallt, wirft man zu schnell!

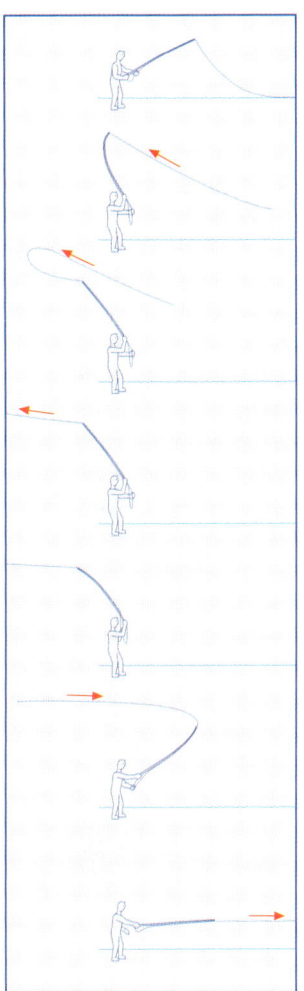

Überkopfwurf

Eine andere Variante: Der Rollwurf auf einen Blick – am besten am Wasser zeigen lassen!

Wie fängt man seine ersten Forellen mit der Fliege?

Eine gute Frage! Es ist auch hier nicht möglich, eine detaillierte Antwort zu geben, weil sich eine astronomische Anzahl von Möglichkeiten auftut. Trotzdem folgen hier einige Grundregeln.

Fische niemals mit einem zu kurzen Vorfach!

Die ersten Monate meines Fliegenfischerdaseins habe ich mich gefragt, warum ich praktisch *immer* als Schneider nach Hause ging. Nun, die Antwort war einfach. Am Anfang bleibt man mit der Fliege noch sehr häufig an allen möglichen Hindernissen hängen, was einen jedes Mal ein Stückchen vom Vorfach kostet. Auch die Knoten, die man sich immer wieder ins Vorfach wirft, trugen zu dieser ständigen Kürzung bei. Aus Faulheit habe ich damals zugesehen, anstatt es jedes Mal wieder auf seine nötige Länge zu bringen. Das Ergebnis war, dass meine Fliege häufig nur einen knappen halben Meter vom Ende der Hauptschnur schwamm, für mich ein Schönheitsfehler, für meine Kunden *das* Alarmzeichen, dass etwas nicht stimmte. Für sie stand fest: Kein natürliches Insekt dieser Welt hängt an einem farbigen Plastikstrick!

Lösung: Nach jedem Hänger das Vorfach wieder auf mindestens Rutenlänge ergänzen.

Ohne Stiefel im Bach – Watfischen de Luxe

Der Fisch darf (zuerst) nur die Fliege zu Gesicht bekommen!

Forellen ernähren sich – unter anderem – ein Leben lang von natürlichen Insekten. Aus diesem Grund muss es das oberste Gebot sein, zu versuchen, ihnen unsere künstlichen Fliegen als echte zu verkaufen. Und das funktioniert nur, wenn sie keinen anderen Teil unserer Montage als eben nur die Fliege zu sehen bekommen.

Lösung: Den Fisch von schräg hinten an- und dabei nicht überwerfen.

Eine Trockenfliege darf nicht übers Wasser furchen!

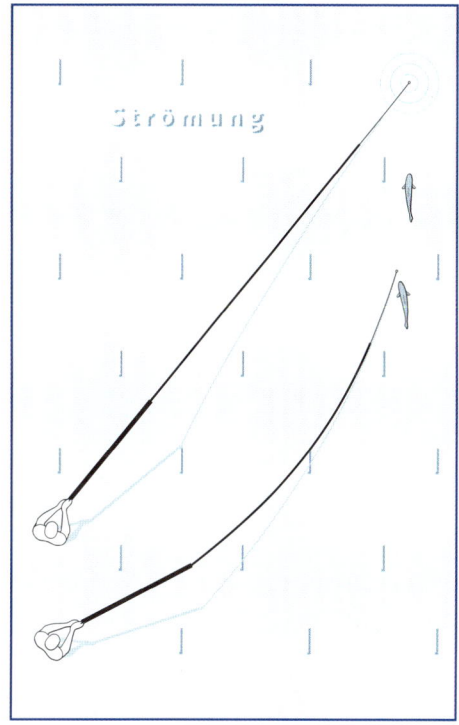

Fisch anwerfen

Bis auf ganz wenige Ausnahmen werden Forellen Trockenfliegen, die unnatürlich über die Wasseroberfläche schlittern, immer ablehnen. Das passiert, wenn die Strömung an der Schnur zieht, einen Bogen in sie legt und dieser dann die Fliege hinter sich herzieht, wobei sich auf der Wasseroberfläche ein großes „V" (gleicht der Bugwelle eines Ausflugsdampfers auf einem ruhigen See) bildet. Im Chinesisch der Fliegenfischer heißt dieser Vorgang übrigens „dreggen" (von engl. „to drag": hinterherschleppen, schleifen, zerren).

Lösung: Den Fisch entweder schräger anwerfen, den Schnurbogen mit einem Schwipp aus dem Handgelenk gegen die Strömung nach oben ablegen (die Schnur menden; von engl. „to mend": ausbessern) oder lose Schnur durch die Ringe nachfüttern. Am besten von einem Könner direkt am Wasser zeigen lassen!

Auf Forellenjagd

Darüber, dass die Forellen in keinem Fall erschreckt werden dürfen, ist schon gesprochen worden. Der Vollständigkeit halber aber noch einmal, da man es eigentlich nicht oft genug sagen kann: am Ufer leise sein; also pirschen statt promenieren. Große, vorsichtige Forellen *jagt* man mehr als dass man sie *angelt*. Nicht umherstapfen, die Fische nicht mit der Sonne im Rücken anwerfen. Fällt ein Schatten auf den Fisch – und tschüss! Und sich den Fischen unter keinen Umständen offen zeigen. Ich habe eine Situation erlebt, in der ein Angler auf Knien ans Wasser gerutscht ist, um eine dicke Forelle anzuwerfen. Fünf Minuten später habe ich dann nicht mehr gelacht, weil der Kollege den (sechspfündigen) Regenbogen gefangen hat, der mir eine halbe Stunde vorher durch die Lappen ging – die Forelle hatte mich gesehen.

So nicht! Der Angler „leuchtet" am Wasser.

Anhieb

Hat sich eine Forelle dann doch dazu entschlossen, sich die angebotene Fliege zu Gemüte zu führen, wird es interessant. Denn was nun folgen sollte, ist der Anhieb, jene so kleine wie ungemein wichtige Bewegung, die Tausende Seiten von Angelliteratur füllt. Um es gleich vorweg zu nehmen, für den Anfänger gilt: anschlagen, sobald er das Interesse des Fisches für die Fliege bemerkt, sei es nun durch ein Ziehen an der Schnur oder wenn der Fisch die Wasseroberfläche durchbricht, um sich die Trockene zu holen. Es soll jedoch nicht verschwiegen werden, dass es Situationen gibt, in denen man den Anhieb – er ist übrigens nichts anderes als das Strecken der losen Schnur, mit dem Ziel, dem Fisch den Haken ins Maul zu treiben – einen winzigen Moment verzögert. Da der normale Anfänger eher Schwierigkeiten haben wird, den Moment des Zugriffes überhaupt zu registrieren, sollte er sich derartige Ansätze aus dem Kopf (also den Fisch so schnell als möglich an-)schlagen, indem er den Arm, welcher die Rute hält, möglichst rasch anhebt, um die lose Schur zwischen ihm und dem Fisch zu strecken. Alles weitere kommt mit der Zeit von alleine.

Drill und Landung

Der Haken sitzt und der Fisch tobt auf einmal wie wild umher! Wir befinden uns plötzlich mitten im Drill, einer (für uns) so ungemein aufregenden wie (für den Fisch) leidvollen Erfahrung, die in aller Regel mit seinem Tode durch unsere Hand endet. Und bei aller sportlichen Weltanschauung sollte der Angler folgendes nie ganz aus den Augen verlieren: Der für uns so beglückende Drill, die Krone des fischereilichen Erlebens, ist für unseren Gegner genau genommen nichts anderes als sein Todeskampf. Und in den meisten Fällen hat er schlechte Karten, diesen zu gewinnen.

Hängt der Fisch also sicher am anderen Ende der Leine, versucht man möglichst schnell, ihn aus dem Gleichgewicht und an die Oberfläche zu bekommen, um ihn schnell mürbe zu machen. Generell sollte man versuchen, den Drill so kurz wie möglich zu gestalten, und das hat zwei Gründe: Will man einen untermaßigen Fisch wieder laufen lassen, dann ist er nicht so völlig ausgepumpt, dass er sich kieloben mit der Strömung flussabwärts verabschiedet. Und will man einen Fisch für die Pfanne, ist ein kurzer Drill ebenfalls ein Vorteil, da sein Fleisch – im Grunde genommen hauptsächlich Eiweiß – durch den Stress seines letzten Kampfes durch die Ausschüttung von Hormonen weniger schnell verdirbt.

Technisch betrachtet sieht das Ganze jedoch bei weitem weniger dramatisch aus. Beim Fliegenfischen werden die Fische nicht über die Rolle, sondern „über die Finger"

Bereit für den Kescher – der Regenbogen ist ausgedrillt.

> **TIPP**
>
> Wenn Sie einen Fliegenfischerkursus belegen wollen, dann erkundigen Sie sich bereits vorher, wie viele Teilnehmer pro Wurflehrer „mit im Boot" sind. Hat ein einzelner Lehrer mehr als maximal fünf Anfänger zu betreuen, dann würde ich in jedem Fall die Finger davon lassen. Aus eigener Erfahrung (ich bilde seit knapp zehn Jahren „Heiden" an der Fliegenrute aus) kann ich sagen, dass es am Anfang ungemein wichtig ist, sich intensiv mit jedem einzelnen zu befassen, wenigstens bis er die Grundzüge des Wurfes verstanden hat und auch umsetzen kann. Ich glaube sogar, dass die erste halbe Stunde Werfen über späteren Erfolg oder Misserfolg entscheiden kann. Und mehr als fünf Planlose packt auch der beste Lehrer nicht!

gedrillt. Das heißt nichts anderes, als dass während des Schnureinholens nicht an der Kurbel gedreht wird, sondern die Schnur mit einem Finger der Rutenhand an den Griff geklemmt wird, während die andere Hand die Schnur Stück für Stück durch eben diese Finger einholt und neben sich auf den Boden (oder die Wasseroberfläche, wenn man im Wasser steht) fallen lässt. Das hat den Grund, dass man sehr fein die Kraft dosieren kann, die man benötigt, um den Unglücklichen einerseits einzuholen, das Vorfach aber andererseits nicht überlastet wird, sollte der Fisch wieder zu ziehen anfangen. In diesem Fall lässt der „Klemmfinger" einfach ein wenig nach und gibt dem Fisch wieder ein bisschen Schnur, bis er sich wieder beruhigt hat.

Ist der Fisch so weit geschwächt, dass man ihn landen kann, wird er über den Kescher geführt und mit diesem aus dem Wasser geschöpft. So einfach ist das! Der Knackpunkt hierbei ist jedoch der richtige Zeitpunkt, an dem er einerseits müde genug sein muss, um sich nicht im allerletzten Moment loszuschlagen (Das passiert vorzugsweise bei außergewöhnlich großen Fischen, von denen man nur alle paar Jahre einen fängt; ein Wink des Schicksals oder einfach nur schwache Nerven? Wer kann es mit letztendlicher Sicherheit sagen?), andererseits aber aus den genannten Gründen nicht kurz vor dem Kollaps stehen sollte. Auch hier ist die Erfahrung letztendlich das, was uns mit jedem Fisch und jeder neuen Situation weiterbringt.

Spinnfischen auf Forellen

Dieser langweilige Satz (der übrigens zu fast 25 % aus dem Wortstamm „Fisch" besteht!) stammt ausgerechnet aus einem Lehrbuch zur Ausbildung von Angelschein-Aspiranten. Doch das Blinkern, wie es auch genannt wird, ist weit mehr als nur das. Im Forellengewässer bedeutet die Spinnfischerei Nervenkitzel vom Feinsten, die dazu noch recht leicht zu erlernen ist. Bis zur Meisterschaft dauert es jedoch lange, was mir die große Anzahl von Blinkern immer wieder demonstriert, die ich jedes Jahr von den Bäumen entlang der Gewässer pflücke. Manche Leute glauben sogar, dass sie dort wachsen...

„Spinnfischen ist das Fischen mit Rute, Rolle und Kunstköder auf Fische, die sich von anderen Fischen ernähren."

Spinnruten

Eine Spinnrute sollte so feinfühlig sein, dass sie die Bewegungen des Köders in die Hand des Anglers überträgt, ihn den Köder fühlen lässt. Um das zu gewährleisten, sind die meisten Spinnruten heutiger Bauart gesteckt. Die ansonsten bei den meisten Anglern so beliebten Teleskopruten sind für die ausschließliche Verwendung zum Spinnfischen höchstens eine Notlösung.

Ein ganz besonderes Augenmerk ist auf die Qualität der Ringe zu lenken, da während eines ganzen Angeltages wesentlich mehr Schnur durch sie läuft als beim Fischen mit jedem anderen Gerät. Heutzutage besitzen die meisten Ringe feste Einlagen aus Titanoxid oder anderen hochmodernen Werkstoffen auf Keramik-Basis, die fast diamanthart und somit für die Schnüre praktisch nicht angreifbar sind.

Das Werkzeug beim Blinkern: drei unterschiedlich schwere Spinnruten

Griffe

Bei den Zweihandruten, und das sind die allermeisten, befindet sich der Rollenhalter zwischen den beiden Griffteilen, die unterschiedlich lang sind. Die Rolle ist so montiert, dass sie ein gutes Stück vom Körper des Anglers entfernt ist, wenn dieser beim Drill das Ende der Angel am Körper abstützt. In Skandinavien und Nordamerika sieht man häufig eine Griffform, die speziell für den Einsatz der Multirolle konzipiert ist. Diese haben auf der Unterseite einen kleinen Dorn, um den man den Zeigefinger legt. So wird verhindert, dass einem die Angelrute beim Wurf aus der Hand rutscht. Bei den Griffen sollte man möglichst dem Kork den Vorzug geben, da dieser auch nasse Hände warm hält.

Beschriftung

Die Beschriftungen für die wichtigen Eckdaten wie Wurfgewicht, Länge und Aktion sind vor dem Griff auf der Rute vermerkt. Die Aktion der Spinnrute sollte auf die zu beangelnde Fischart abgestimmt sein: Für das Fischen auf (normal dimensionierte) Forellen werden in der Regel Ruten verwendet, die zwischen 1,8 und 2,7 Meter lang sind, mit Wurfgewichten zwischen 5 und 20 Gramm. Die Aktion sollte parabolisch bis progressiv sein. Natürlich sind das nur Anhaltspunkte, denn hier soll dem Neuling die Möglichkeit gegeben werden, sich zu orientieren.

Die beiden Rollentypen: Stationär- und Multirolle nebeneinander

Rollen

Stationärrolle

Die Stationärrolle ist der bei uns am weitesten verbreitete Rollentyp. Das Angebot ist heutzutage praktisch nicht mehr überschaubar, deshalb möchte ich an dieser Stelle

Stationärrollen und Kugellager

Ein gewisses Indiz für Qualität ist eine möglichst große Anzahl von Kugellagern, auf welches jedoch manchmal – meiner Meinung nach – etwas zuviel Wert gelegt wird. Ich glaube nicht, den Unterschied zwischen einer Rolle mit vier und mit sechs Kugellagern aus dem Stegreif einwandfrei feststellen zu können.

die wichtigsten Merkmale einer hochwertigen Stationärrolle herausarbeiten, um dem Anfänger den Kauf etwas zu erleichtern. Der Rotor und die Schnurspule einer Stationärrolle sind um 90 Grad quer zur Längsachse des Gehäuses montiert und mit einem Schnurfangbügel versehen, der beim Wurf die Schnur freigibt und sie beim Einholen wieder auf die Rolle aufspult. Die Übersetzung variiert bei den modernen Modellen zwischen 3 : 1 und 6 : 1, also mit einer Umdrehung der Kurbel dreht sich die Spule drei- bis sechsmal.

Eine der Grundvoraussetzungen, die eine hochwertige Stationärrolle auszeichnet, ist neben der sauberen Verarbeitung ein einwandfrei funktionierendes Bremssystem. Mittlerweile ist der Großteil der Stationärrollen mit Bremsen ausgestattet, deren Verstellschrauben sich am hinteren Teil des Gehäuses befinden. Über diesen vermeintlichen Vorteil lässt sich streiten, da Kopfbremsen in jedem Fall robuster sind. Wichtig ist auf jeden Fall, dass die Bremse schon vor dem zu erwartenden Biss optimal eingestellt ist. Das geschieht dadurch, dass man mit der Hand ohne allzu großen Kraftaufwand noch immer Schnur von der Rolle ziehen kann, ohne das diese reißt.

Der Rotor, an welchem der Schnurfangbügel montiert ist, sollte so weit ausgewuchtet sein, dass auch beim schnellen Einholen der Schnur keine störenden Vibrationen auftreten.

TIPP

Im Zweifelsfall die Bremse lieber etwas leichter einstellen, als einen Schnurbruch zu riskieren.

Stationärrollen sind so gebaut, dass sich die Spule beim Aufrollen der Schnur vor und zurück bewegt und somit die gleichmäßige Verteilung der Schnur auf der Spule gewährleistet ist. Der Großteil ist zudem vergleichsweise lang und flach und die Grundform leicht konisch, um der Schnur beim Wurf weniger Widerstand zu bieten.

Multiplikatorrolle

Bei der Multiplikatorrolle, die sich für den Fang kampfstarker Fische hervorragend bewährt hat, befindet sich die Schnurspule quer zur Angelrute. Sie wird auf der Oberseite der speziell für den Einsatz dieses Rollentyps gebauten Rute montiert. Dadurch hat man die Möglichkeit, die von der Spule ablaufende Schnur gegen Ende eines Wurfes mit dem Daumen sanft abzubremsen. Unterlässt man das, dann läuft die Spule noch einen winzigen Moment nach, was zur Folge hat, dass sich eine „Perücke" bildet. Und genau dafür ist die Multirolle in unseren Breiten – zu Unrecht – verrufen. Nicht das System, welches ansonsten unschätzbare Vorteile bietet, ist das Problem, sondern der Bediener, der nicht damit zurecht kommt und aufgibt, bevor er es meistert! Zum Beispiel verdrallt die Schnur beim Fischen viel weniger als bei der Stationärrolle, da sie ohne eine 90-Grad-Drehung auf die Spule kommt. Ihr Bremssystem ist normalerweise enorm kräftig, sehr fein einstellbar und mit einer Hand zu bedienen. Ein kleiner Bügel, durch den die Schnur läuft, bewegt sich beim Einholen vor der fest stehenden Rolle seitlich hin und her und füllt sie somit gleichmäßig.

Wartung

Am Schluss noch ein Wort zur Wartung der Rolle: Ich kenne nur wenige Angler, die ihre Rollen (regelmäßig) warten und auf Schäden kontrollieren. Wie bei fast allen mechanischen Konstruktionen ist die Sauberkeit das A und O. Das gilt in erster Linie für die Teile, die mit der Schnur in direkter Verbindung stehen. Auch die Mechanik im Inneren verdient hin und wieder unsere Aufmerksamkeit. Obwohl die heutigen Modelle fast hermetisch abgeschlossen sind, sollte man sich nicht scheuen, ab und zu mal einen Blick ins Innenleben zu werfen und gegebenenfalls, wenn man viel fischt, einmal im Jahr das Fett zu erneuern. Es soll ja im Winter schließlich nicht langweilig werden. Das Wichtigste in punkto Wartung ist jedoch das unverzügliche Abbrausen der Rolle mit lauwarmem Süßwasser, nachdem sie im Salzwasser zum Einsatz kam. Unterlässt man diese einfache Vorsorge, dann ruiniert man innerhalb kürzester Zeit selbst das hochwertigste Gerät. Das gilt übrigens für die gesamte Ausrüstung beim Angeln.

Schnüre

Moderne einfädige (monofile) Schnüre sind heute fast ausschließlich aus Polyamid hergestellt. Monofile sind in praktisch allen Stärken und Farben produzierbar und dehnen sich bei Belastung je nach Typ mehr oder weniger stark, eine Eigenschaft, die den geflochtenen (polyfilen) Schnüren abgeht. Letztere eignen sich dadurch vor allem für die Verwendung auf Multirollen. Die Knoten- sowie die Abriebfestigkeit wurde in den letzten Jahren deutlich gesteigert, was zur Folge hat, dass die heutigen Schnüre bei gleichem Durchmesser eine wesentlich höhere Tragkraft haben. Allerdings sind sie damit auch härter, und somit weniger dehnbar geworden. Man sollte sich beim Kauf also schon darüber im Klaren sein, für welchen Bereich man die Schnur einsetzen will und wie hart oder dehnbar sie sein sollte. Eigentlich selbstverständlich sollte auch

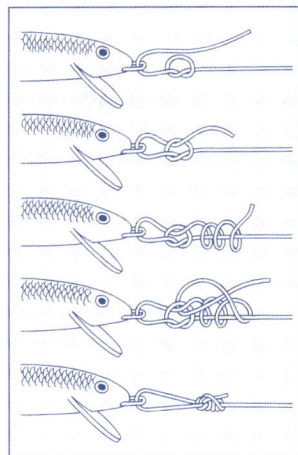

Der wichtigste Knoten für Wobbler – der Rapala-Knoten (Leader Loop Knot)

die Tatsache sein, dass aufgeraute, geknickte und verdrallte Schnurstücke dramatisch an Tragfähigkeit einbüßen und somit unverzüglich abzutrennen sind. Bei normalem Gebrauch sollte man die Schnur auch ohne sichtbare Schäden mindestens einmal im Jahr austauschen. Eine Investition, die sich in jedem Fall lohnt. Für das Forellenfischen kommen – Ausnahmen bestätigen auch hier die Regel – Schnurstärken zwischen 0,18 bis 0,30 Millimeter Durchmesser zum Einsatz.

Die Köderpalette

Spinner

Beim Spinner (von engl. „to spin": drehen), auch „fliegender Löffel" genannt, dreht sich ein Spinnerblatt um die Längsachse des Köderkörpers und verursacht dabei im Wasser Schwingungen, die der Fisch mit seinem Seitenlinienorgan auffangen kann. Das Wichtigste bei einem guten Spinner ist, dass er sehr leichtläufig ist und somit schon beim kleinsten Zug an der Schnur, spätestens aber nach einem kleinen Ruck aus dem Handgelenk zu rotieren beginnt. Am besten lässt sich das überprüfen, indem man ihn, in Sichtweite parallel zum Ufer geführt, einfach einmal ausprobiert. Unterschiedliche Strömungsgeschwindigkeiten erfordern unterschiedliche Formen des Spinnerblatts, um diese Forderung zu erfüllen. So benutzt man in stehenden oder langsam fließenden Gewässern Spinner mit relativ großem, ovalem Blatt, das auf Grund der großen Oberfläche sehr rasch zu drehen beginnt. Es steht dabei recht weit vom Körper des Köders ab und dreht eher langsam, wobei vergleichsweise viel Wasser in Bewegung versetzt wird. Ovalspinner können aus diesem Grund besonders langsam eingeholt werden. Im Gegen-

Spinnersortiment

satz dazu haben Weidenblattspinner ein dünnes, lanzettlich geformtes Spinnerblatt, welches wegen seiner geringeren Oberfläche entsprechend schneller rotiert als ein ovales. Es steht dabei weniger weit von der Längsachse ab, verursacht nicht so starke Wasserbewegungen und braucht eine höhere Einholgeschwindigkeit – oder stärkere Strömung –, um ins Rotieren zu kommen. Dieser Spinnertyp ist ideal für strömendes Wasser, da er relativ schnell eingeholt werden muss, damit er sauber läuft. Er eignet sich speziell für Räuber, die ihre Beute schnell verfolgen, wie Forellen.

Blinker

Blinker, die auf Grund ihres hohlkehligen Aussehens auch „Löffel" genannt werden, sind eine wahre Allzweckwaffe beim Raubfischfang. Ihre Lockwirkung beruht auf ihrer gewölbten, eben löffelartig gebogenen Form, die beim Einholen dazu führt, dass der Blinker in alle Richtungen unregelmäßige taumelnde Haken schlägt. Diese imitieren, so die allgemeine Aussage, die Bewegungen eine kranken Fischchens. Ob etwas dran ist, wer kann es mit endgültiger Sicherheit sagen, auf jeden Fall fangen sie Fische! Die gängigsten Farben sind Gold, Silber und Kupfer, doch wurde auch dazu übergegangen, sie mit irisierenden oder reflektierenden Folien zu bekleben, die die Körperfarben von Fischen nachahmen. Die besonders schlanken Blinker wie zum Beispiel der „Toby", der für den Fang von Meerforelle (und Lachs) konzipiert ist, taumeln nicht nur, sondern drehen sich zusätzlich noch um ihre eigene Achse. Sie lassen sich auf Grund ihrer schmalen Form weit auswerfen und eignen sich besonders für Gewässer mit starker Strömung, da sie beim Absinken dem Wasser nicht so viel Angriffsfläche bieten wie ein breiter Löffel.

TIPP

Spinnern wie Blinkern ist in jedem Fall mindestens ein gut laufender Tönnchen-Wirbel vorzuschalten, um den Schnurdrall, der beim Einholen automatisch entsteht, etwas zu unterdrücken. Ein kleines, in Längsrichtung der Schnur montiertes Kunststoffplättchen („Anti-Kink") ist an sich noch effektiver, wird aber von den wenigsten Anglern benutzt.

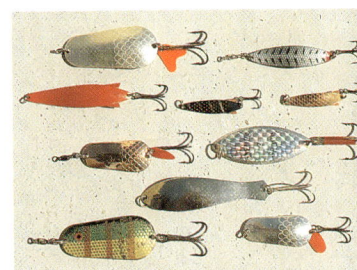

Blinkersortiment

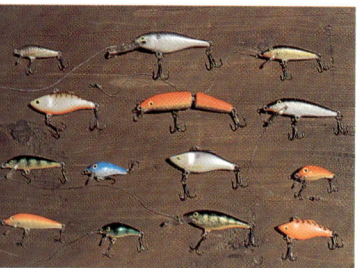

Wobblersortiment

Wobbler

Wobbler sind Fischimitationen, die auf Angler wie Fische gleichermaßen fängig wirken. Trotz ihrer teilweise enormen Preise gibt es nur wenige in der Zunft, die sich ihrem Reiz entziehen können. Das gilt in erster Linie für die Produkte einer Firma aus Finnland, durch welche dieser Köder bei uns richtig bekannt wurde. Wobbler sind – traditionell – aus Balsaholz oder – modern – aus Kunststoffen gefertigt. Sie sind, je nach Größe, aus einem Stück bzw. zwei- oder dreigeteilt und mit mindestens zwei Drillingshaken versehen. Wobbler werden in fast jeder Farbe und Grundform hergestellt, die das Anglerherz begehrt. Ihr eigentlicher Reiz liegt auf jeden Fall in der schwänzelnden Art und Weise, mit der sie sich, ähnlich einem kleinen Fischchen, durchs Wasser bewegen. Dieses Wackeln (die deutsche Übersetzung von engl. „to wobble") wird durch eine Tauchschaufel verursacht, die jeder Wobbler besitzt und die sich an seinem Kopf befindet. Je flacher die Schaufel steht und je schneller der Wobbler eingeholt wird, desto tiefer läuft er. Schwimmende Wobbler sind für den oberflächennahen Einsatz konzipiert und mit ein wenig Übung auch recht schnell in den Griff zu bekommen. Die einfache Regel lautet: Je schneller man einholt, desto schneller frisst sich der Köder auf Tiefe. Trifft man während des Einholens auf ein Hindernis, lässt man die Schnur einfach locker und der Wobbler steigt nach oben und man kann ihn ohne Probleme darüber hinwegziehen.

Tödliche Spezialköder

Allen künstlichen Ködern geht eine Eigenschaft ab, die jeden wachsamen Fisch den Braten von vorne herein riechen lässt: Weder ihr Geruch noch ihr Geschmack entspricht dem der echten, natürlichen Beute unserer Raubfische. Da es technisch nur bedingt möglich ist, diesem

Missstand abzuhelfen (es gibt Spinnköder mit kleinen Kapseln, die man mit relativ teuren Lockstoffen befüllen kann), sollte man auf einen so einfachen wie wirkungsvollen Kniff zurückgreifen. Jeder Spinnköder lässt sich dadurch „frisieren", indem man ihn mit einem kleinen Stückchen Fischfetzen oder ähnlichem drapiert und so, neben dem optischen Reiz des Köders selbst, noch für den entsprechenden Geschmack sorgt.

Besonders gut funktioniert das, wenn man den Köder sehr tief führt, also in Wasserschichten in denen sich die Jäger wegen des fehlenden Lichts naturgemäß stärker auf ihren Geruchssinn verlassen. Ein Beispiel: Beim Versuch, einen Blinker auf einem Schwimmbagger bis zum Grund hinabzulassen, erfolgte der Biss eines sechspfündigen Hechtes in ungefähr 15 Metern Tiefe direkt unter dem Bagger. Ich hatte, da weiter oben nichts „ging", eigentlich nur vorgehabt, meine Schnur neu aufzuspulen und wollte sie deswegen so weit als möglich ablassen. Da der Haken mit einem Fischfetzchen dekoriert war, griff der Hecht in fast völliger Dunkelheit zu. Von einer anständigen Köderführung konnte man in dieser Situation nicht sprechen, es muss also doch am „Dressing" gelegen haben!

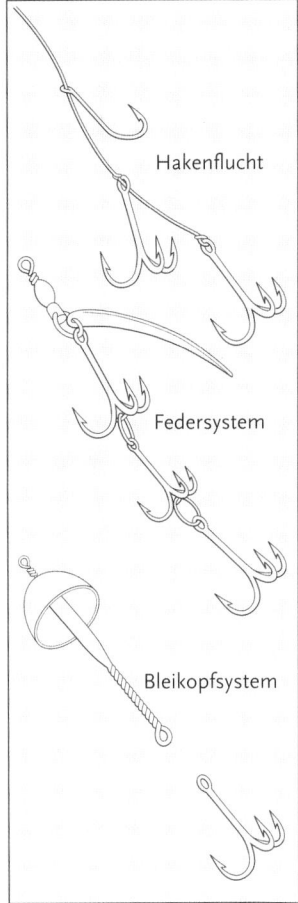

Verschiedene Hakensysteme für den toten Köderfisch

Systeme oder Spinnfluchten

Systeme oder Spinnfluchten sind Konstruktionen, mit deren Hilfe man kleine, tote Köderfische an der Spinnrute wie einen Jig, Wobbler oder Spinner anbieten kann. Die Köderfische werden, je nach System, verschiedenartig befestigt und mit einer Reihe von Haken versehen. Es gibt eine ganze Reihe verschiedener Systeme, die unterschiedlich funktionieren. Das Bleikopfsystem beispielsweise ist aufgebaut wie ein Jig-Kopf, der dem toten Fisch durch das Maul weit in den Körper geschoben wird. Dann wird er

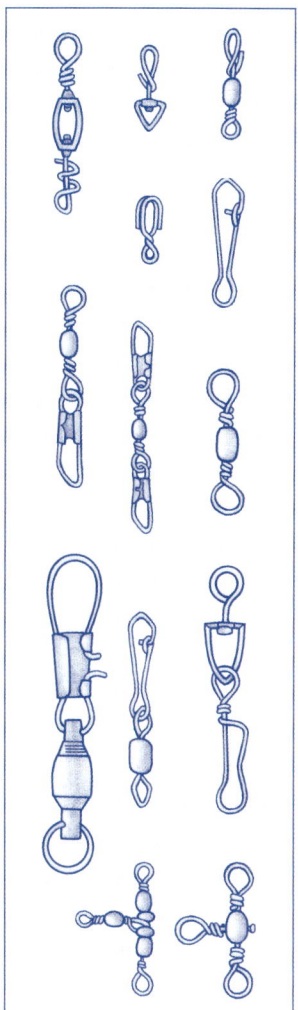

Unterschiedliche Wirbeltypen

mit zwei Haken versehen und knapp springend über den Gewässerboden geführt. Dieses System hat, wie fast alle, mehrere Namen. Es ist noch als Tiroler Haken und Alpina-System bekannt. Das Stocker-System hingegen gehört zur Gruppe der wobbelnden Systeme. Wie schon der Name verrät, wird der Köderfisch an einer Konstruktion befestigt, die eine Tauchschaufel hat und somit wie ein Wobbler arbeitet. Einen riesigen Vorteil hat sie jedoch vor allen anderen Kunstködern, und wenn diese noch so interessant aussehen mögen: Ein Fisch hat eine Menge Sinneszellen im Bereich der Lippen und der Zunge, die ihm auch bei völliger Dunkelheit oder trübem Wasser ziemlich genau darüber Aufschluss geben, was er gerade im Maul hat. Beißt er in einen Köder aus Gummi oder gar Blech, riecht er – im wahrsten Sinne des Wortes – den Braten augenblicklich. Er versucht den vermeintlichen Happen so schnell wie möglich wieder loszuwerden, was ihm jedoch, auf Grund der hässlichen Haken, nicht immer sofort gelingt. Packt er sich jedoch einen echten Köderfisch am System, dann braucht er mit Sicherheit länger, um, wenn überhaupt, den Verrat zu erkennen. Das Vorurteil, dass die Fische nur sehr begrenzt am System haltbar sind, stimmt nur dann, wenn sie nicht frisch gefangen aufgezogen werden.

Wirbel

Einfachwirbel haben die Aufgabe, den beim Auswerfen und Einholen der Schnur stets entstehenden Schnurdrall zu minimieren – komplett zu verhindern ist er quasi nicht. Karabinerwirbel bestehen aus einer Drahtöse am einen Ende und dem drehbaren Mittelteil, an dem ein vergleichsweise kleiner Karabiner angebracht ist. In diesen wird der Kunstköder eingehängt. Erstens ist er so beweglicher und zweitens schneller austauschbar.

Sinnvolles Zubehör

- [ ] Hakenlöser, am besten eine kleine Flachzange
- [ ] Fischtöter
- [ ] Bandmaß
- [ ] Messer, wenn möglich mit dünner, scharfer Klinge
- [ ] Fischschupper
- [ ] Genügend Spinnköder in entsprechenden Behältnissen
- [ ] Sortiment mit verschiedenen Wirbeln
- [ ] Schleifstein zum Nachschärfen stumpfer Hakenspitzen
- [ ] Schere oder Clip zum Kürzen von Monofil
- [ ] Kescher
- [ ] Anglertasche und Rutencontainer
- [ ] Kopfbedeckung
- [ ] Der Witterung angepasste Bekleidung, am besten mit atmungsaktiver Membran

So fischt man mit der Spinnrute

Ein guter Wurf mit der Spinnrute beginnt bereits lange vor dem Öffnen des Schnurfangbügels. Das mag vielleicht etwas seltsam klingen, bedeutet aber nichts anderes, als sich bereits vor dem Wurf schon genau darüber im Klaren zu sein, wo man hinwerfen will und wie es direkt nach dem Wurf weiter geht. Macht man sich diese Gedanken nicht, sondern wirft unkonzentriert aufs Geratewohl, ist man in heiklen Situationen, in denen die schnelle Reaktion über Fang oder Verlust des Fisches entscheidet, oft nicht vorbereitet und reagiert falsch oder gar nicht. Genaues Beobachten vor dem ersten Anbieten eines Köders ist bei keiner Angelart ein Fehler und regelmäßig genauso für Erfolg oder Misserfolg zuständig wie zuverlässiges Gerät. Wenn auch nicht in gleichem Maße wie beim Fliegenfischen, so ist es auch bei der Spinnrute besser, sich nicht nur auf eine Beschreibung und ein paar Zeichnungen zum Erlernen des Werfens zu verlassen. Ein Freund, der einem den Wurfablauf am Wasser erklärt, und anschließend ein paar Übungsstunden am Wasser bringen bei weitem mehr. Trotzdem werden an dieser Stelle

Spinnfischerausrüstung

> **TIPP**
>
> Je kürzer das Stück Schnur zwischen Köder und Spitzenring ist, desto präziser wirft es sich.

drei Grundtechniken des Werfens mit der Spinnrute und der Stationärrolle aufgeführt. Sie sollen als Ergänzung zur praktischen Umsetzung am Wasser dienen.

Überkopfwurf

Der Überkopfwurf hat zwei Vorteile: erstens ist er am einfachsten zu lernen und zweitens deckt er die meisten Situationen am Wasser ab. Außerdem kann man mit ihm nicht nur weiter werfen als mit den anderen Würfen, er ist auch am präzisesten.

Zu Beginn des Wurfes zeigt man mit der Rutenspitze auf das Ziel, der Schnurfangbügel muss vertikal stehen. Der Köder baumelt ungefähr 30 Zentimeter unterhalb des Spitzenrings an der Schnur. Jetzt wird der Zeigefinger der Wurfhand ausgestreckt. Dieser nimmt die Schnur so auf seiner Kuppe auf, dass diese sich nicht von selber abspult, sobald man den Schnurfangbügel öffnet. Denn das ist der nächste Schritt, der mit der anderen Hand vorgenommen wird. Mit offenem Bügel und der Schnur auf der Fingerkuppe führt die Wurfhand nun die Rute seitlich am Kopf vorbei nach hinten und dann ohne Pause in einer einzigen Bewegung wieder so weit nach vorne, dass die Rutenspitze fast horizontal steht, während sie wieder aufs Ziel zeigt. Der Köder wird dabei nach vorne beschleunigt und strafft irgendwann das Stück Schnur, das sich zwischen ihm und dem Zeigefinger befindet. In genau diesem Moment gibt der Zeigefinger die Schnur frei, die dann vom Gewicht des Köders von der Rolle gerissen wird. Kurz bevor der Köder das Wasser erreicht, legt man den Finger wieder an die Spule und bremst so ganz leicht seinen Fall ins Wasser. Dies soll vermeiden, dass er sich beim Auftreffen auf die Oberfläche dreht und ein Haken die Schnur fängt, womit er seitwärts durchs Wasser gezogen und jede sinnvolle Führung zunichte gemacht wird.

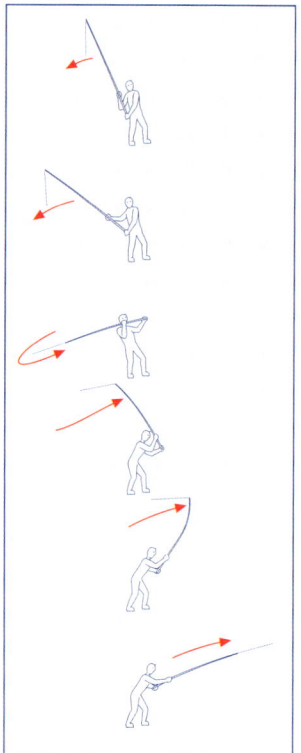

Überkopfwurf

Seitenwurf

Der Seitenwurf ist im Prinzip genau das Gleiche wie der Überkopfwurf. Der Ablauf ist genau derselbe, lediglich die Ebene, auf der der Arm beim Wurf geführt wird, ist um neunzig Grad versetzt und bewegt sich horizontal neben dem Körper. Wichtig ist dabei, dass der Zeigefinger in dem Moment die Schnur von der Spule freigibt, wenn die Rutenspitze genau in einer gedachten 90-Grad-Linie zum Ziel zeigt.

Der Wurf ist dann vonnöten, wenn man parallel zum bewachsenen Ufer werfen will. Die Länge der Schnur zwischen Spitzenring und Köder sollte in keinem Fall länger als 30 Zentimeter sein, da jeder Zentimeter mehr die Gefahr einer Richtungsabweichung erhöht; mit zunehmender Schnurlänge wird es dann einfach schwieriger, den Punkt abzuschätzen, an dem die 90 Grad zum Ziel erreicht sind.

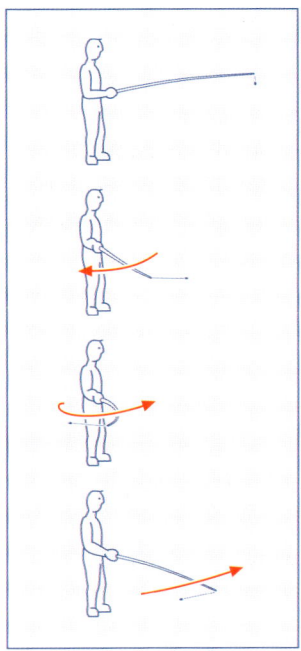

Seitenwurf

Pendelwurf

Der Pendelwurf ist für die Stellen gedacht, an denen man so wenig Platz hat, dass man gar nicht mehr normal werfen kann. Er ist sehr zielgenau, aber seine Reichweite ist auf ungefähr zehn Meter begrenzt; doch oftmals reichen ja ein paar wenige Meter für einen guten Fisch.

Beim Pendelwurf zieht man so viel Schnur von der Rolle, als wollte man den Köder am Schnurfangbügel der Rolle zum Transport einhängen und hält ihn mit der freien Hand. Danach öffnet man den Schnurfangbügel und legt die Schnur wieder auf den Zeigefinger. Jetzt lässt man den Köder los und versetzt ihn durch Heben und Senken der Rutenspitze in leichte Pendelbewegungen. Nachdem er mehrmals hin- und hergeschwungen ist, gibt der Zeigefinger am vorderen Totpunkt die Schnur frei und der Köder fliegt in Richtung Ziel. Um ihn noch etwas

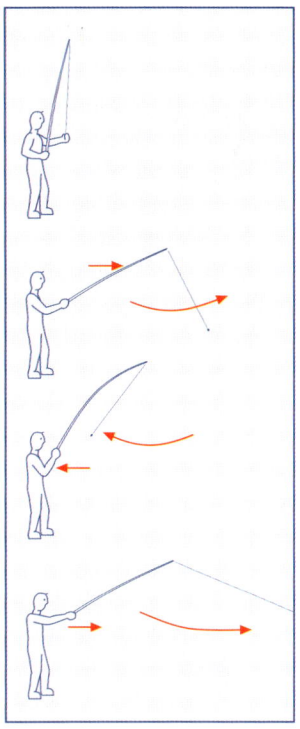

Pendelwurf

stärker zu beschleunigen, kann man die Rute in diesem Moment noch nach vorne schnellen lassen. Mit etwas Übung erreicht man so erstaunlich präzise Würfe!

Wurftechnik mit der Multirolle

Die Wurftechnik mit der Multirolle ist ein wenig anders als die mit der Stationärrolle. Sie zu beschreiben würde jedoch hier den Rahmen sprengen. Eines sei jedoch erwähnt, um dem Interessierten ein klein wenig zu helfen: Die Schleifbremse der Multirolle sollte so eingestellt sein, dass der Köder im Freilauf, auf Grund seines Eigengewichts, *gerade noch* in der Lage ist, Schnur von der Rolle zu ziehen. Jede andere Einstellung der Bremse bringt einen anfangs zur Verzweiflung!

Mit der Spinnangel auf große Forellen

Die beste Zeit für das Fischen auf kapitale Forellen im Fluss ist der Frühling oder der ausgehende Sommer. Im Kapitel über den Lebensraum der Forelle wurde erklärt, dass sie ein abgegrenztes Jagdgebiet hat und, neben anderen Dingen, in besonderem Maße auf Unterstände angewiesen ist. Und genau diese Unterstände, also unterspülte Uferstreifen, ausgekolkte Wurzelstöcke, Senken hinter dicken Felsbrocken und die tiefen Löcher hinter Wehranlagen sind die Bereiche, die unsere besondere Aufmerksamkeit verlangen. Da Forellen sehr sensibel gegen störende Einflüsse von außen reagieren (Zisch, und weg!), muss man ungewöhnlich umsichtig zu Werke gehen. Ein entscheidender Vorteil ist beispielsweise, wenn das Wasser, etwa nach einem kurzen Regen, etwas eingetrübt ist. Laute Unterhaltungen, während man am

Ufer umherstapft ist natürlich Gift für derartige Fischerei, selbst wenn einen die Fische nicht sehen können.

Die einfachste Methode ist, parallel zum Ufer stromab zu werfen und den Köder gegen die Strömung wieder einzuholen. Der Köder muss dabei *relativ* schnell geführt werden, da die Forelle, im Gegensatz zum Hecht, den Köder oft über längere Strecken verfolgt und kein flüchtender Fisch auf die Idee kommen würde, absichtlich auf der Flucht vor den Kiefern einer großen Rotgetupften langsamer zu werden. Eine weitere Möglichkeit ist, den Köder an die andere Uferseite zu werfen und ihn dann in einem Bogen, den uns die Strömung in die Schnur legt, wieder einzuholen. Oft kann es passieren, das die Forelle erst beim vierten oder fünften Versuch zupackt. Heiße Stellen sollten also durchaus mehrfach beackert werden, insbesondere, wenn wieder das seltsame Gefühl in der Magengegend aus dem nichts auftaucht. Oh ja, lieber Leser, es gibt ihn tatsächlich, den sechsten Sinn beim Fischen!

Beim Forellenfischen sind kurze Ruten zwischen knapp 2 und 2,4 Meter meine persönliche Marotte. Aber an verwachsenen Ufern voller Zweige, die einen in jedem Schritt und Wurf behindern, sind sie die einzige Rettung. Die Wurfgewichte sollten zwischen 5 und 15 Gramm liegen, die Schnurstärke wird sich dann zwischen etwa 0,20 und 0,25 Millimeter bewegen.

TIPP

Die Fische stehen nicht nur am anderen Ufer. Man sollte den Köder immer so kurz wie möglich und so weit wie nötig werfen. Man fängt kurz an und wirft immer weiter, um nicht die Fische „vor unseren Füßen" zu verscheuchen.

Forellenfischen mit natürlichen Ködern

Das Angeln mit natürlichen Ködern erfreut sich in weiten Teilen Europas größter Beliebtheit. So auch in Deutschland. Gibt man einem Unbedarften im Rahmen eines Brainstormings den Begriff „Angel", dann kontert er mit an Sicherheit grenzender Wahrscheinlichkeit mit „Wurm". Doch dass der Umgang mit Würmern, Maden und ähnlichem nicht jedermanns Sache ist, spiegelt sich in einer Aussage des berühmten englischen Schriftstellers Dr. Samuel Johnson (1709–1784) wider: „Fliegenfischen mag ein sehr angenehmer Zeitvertreib sein; aber das Angeln mit dem Schwimmer kann ich nur mit einem Stecken und einer Schnur vergleichen, mit einem Wurm am einen Ende, und einem Tor am anderen." Nichtsdestotrotz sollen die mit traditionellsten Methoden, Forellen zu fangen, kurz vorgestellt werden.

So fischt man mit dem Wurm

Dass sich mit Würmern Forellen fangen lassen, ist spätestens seit Kindertagen eine Binsenweisheit. Und die Anziehungskraft, die Würmer auf vor allem große Forellen ausüben, ist teilweise enorm. Woran es liegt, kann niemand mit Sicherheit sagen; die Größe der Mahlzeit kann sich, im Vergleich zu einem nicht einmal viertelgrammschweren Insekt, durchaus sehen lassen. Auch ist der gut geführte Wurm ein einfach zu erhaschender Happen, für den man bei weitem nicht so viel Kraft aufwenden muss

Ausrüstung

Für die nachfolgenden Angelarten kommen im Großen und Ganzen dieselben Gerätschaften zum Einsatz. Der Hauptunterschied mag sein, dass der eine oder andere Angelfreund auf Teleskop- anstatt auf Steckruten zurückgreift, die bezüglich ihres Handlings abseits des Wassers natürlich unschätzbare Vorteile haben. Einige kleine, aber wichtige „Kurzwaren" werden hier noch vorgestellt.

Wirbel Einfachwirbel haben die Aufgabe, den beim Auswerfen und Einholen der Schnur stets entstehenden Schnurdrall zu minimieren – zu verhindern ist er quasi nicht. Karabinerwirbel bestehen aus dem drehbaren Mittelteil, an dem ein vergleichsweise kleiner (es gibt verschiedene Größen) Karabiner angebracht ist. In diesen wird das Vorfach oder ein Kunstköder eingehängt. Neben den Einfachwirbeln gibt es noch Kreuzwirbel, die es dem Angler ermöglichen, einen Seitenarm anzuknüpfen (Kreuzwirbel widerlegen meiner Meinung nach übrigens den Text des alten Faschingsliedes „Alles hat ein Ende, *nur* die Wurst hat zwei ...", da sie in der Tat einen Anfang und zwei Enden haben).

Spezialartikel Die Spezialartikel, also Wasserkugel und Tiroler Hölzl, werden separat behandelt.

Bleie Bleie sind in allen erdenklichen unterschiedlichen Formen und Gewichten zu haben. Für die nachfolgenden Ausführungen kommen folgende Formen in Betracht: Schrotblei zum Austarieren der Posen, und Wurf- bzw. Stehauf-Bleie, die man für die Seitenarm-Montagen in der schnellen Strömung braucht.

Haken Bei ihnen ist es wichtig zu wissen, dass die Hakengrößen im Süßwasser mit zunehmender Nummer kleiner werden. Ein 6er ist also größer als ein 10er. Die Skala reicht von 1 bis 28, wobei Größe 28 fast nur noch der Größe einer Streichholzspitze entspricht.

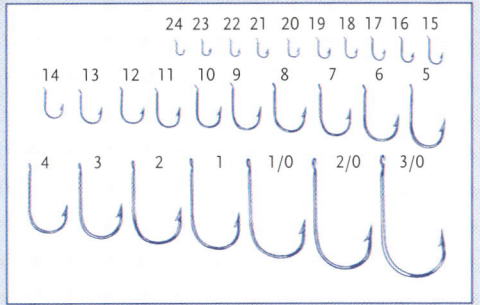

wie für eine Elritze. Und schlussendlich ist ein Wurm etwas, das sich bewegt und somit Neugier bei den Forellen erwachsen lässt. Und dies ist der Knackpunkt beim Wurmangeln: Der Köder darf nicht wie ein Stück Schnur auf dem Gewässerboden liegen, sondern muss sich winden wie ein Spaghetti auf der sich drehenden Gabel!

Im Fließgewässer mit dem Wurm

Ein Tauwurm wird vorsichtig auf einen Haken der Größe 5 oder 6 (viel kleiner sollte man übrigens nicht gehen, sonst schlucken die Forellen den Haken zu schnell) aufgezogen, der an einem etwa 50 Zentimeter langen Vorfach ohne Pose angebunden ist. Etwa eine Handbreit vor dem Haken werden der Strömung entsprechend genügend Spaltbleie angebracht, damit der Wurm gerade so über den Gewässerboden rollt. Beim Angeln mit der Pose wird im Grunde genommen genauso verfahren. Hier soll aber die Pose vorausschwimmen und den Wurm langsam am Boden hinter sich herziehen. Bisse werden möglichst rasch mit einem beherzten Anhieb quittiert. Auf diese Art kann man Bachforellen, Regenbogenforellen und, sofern vorhanden, auch Meerforellen erbeuten.

In stehenden Gewässern mit dem Wurm

Da die Wasserbewegung in einem See wesentlich spärlicher ist als in der Strömung eines Flusses, ist man noch

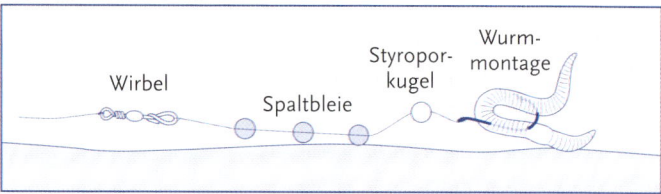

Wurmmontage ohne Pose

Vor allem in Gewässern, wo viele untermaßige Fische wohnen, sollte an eines immer gedacht werden: Verwenden Sie keine Hakengrößen kleiner als 6, sondern Schonhaken oder drücken Sie mit einer kleinen Zange den Widerhaken an. In der Anfangszeit verschläft man viele Bisse, was zur Folge hat, dass der Haken oft unangenehm tief im Rachen sitzt. Ist der Fisch groß genug – kein Problem; untermaßige Forellen werden jedoch viel zu häufig mit blutenden Wunden im Maul wieder ins Wasser entlassen – und schwimmen dann ihrem sicheren Tod entgegen.

Untermaßige Fische sind die Großen von Morgen

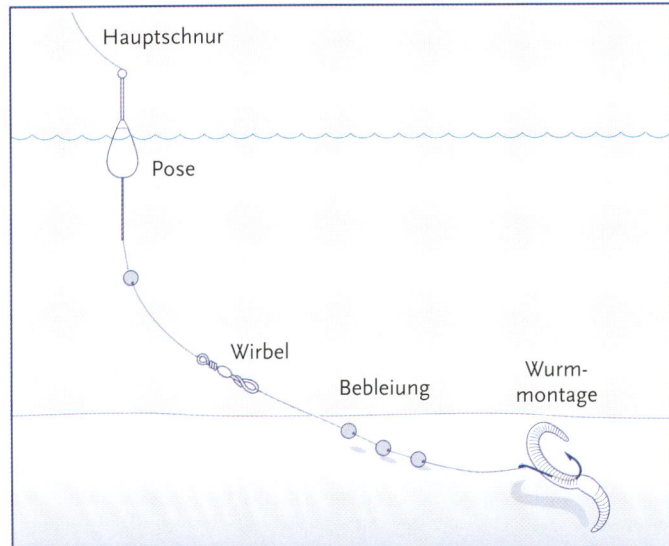

Wurmmontage mit Pose

stärker auf die Bewegungsfreude des Wurms angewiesen. Deswegen muss man ihn unbedingt so anködern, dass er sein volles Bewegungspotenzial entfalten kann. Die obige Abbildung sagt mehr als tausend Worte. Der Wurm wird dann entweder vom Ufer oder vom Boot aus angeboten. Auf diese Weise stellt man in der Hauptsache Seeforellen nach.

So fischt man mit dem Köderfisch

Mit dem (toten) Köderfisch im See

Auch diese Technik dient dazu, im zeitigen Frühjahr eine Seeforelle an den Haken zu bekommen. Hierzu bietet sich ein Versuch mit der toten Elritze an. Generell sind kleine und schlanke Köderfische ideal für Forellen. Diese wird durch den Rücken an einen Anderthalber- oder Drillingshaken angeködert und in nur zwei bis drei Metern Tiefe an den einschlägigen, vielversprechenden Stellen an der Pose angeboten, was sowohl vom stehenden Boot wie auch vom Ufer aus möglich ist.

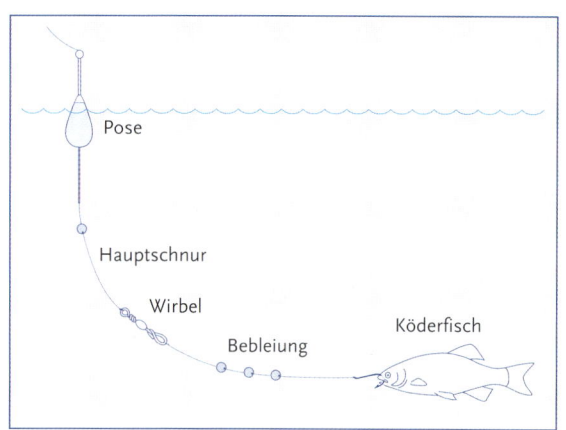

Mit Pose und totem Köderfisch

Mit dem (toten) Köderfisch im Fluss

Beim Angeln mit dem toten Köderfisch ist man nicht nur auf stehende Gewässer beschränkt. Es ist auch eine spannende Möglichkeit, den dickeren „Ottos" auf den Zahn zu fühlen, die sich weit unten im Parterre von Wehren versteckt halten und nur noch selten in den oberen Stockwerken sehen lassen. An der Hauptschnur, die nicht viel weniger als 0,30 Millimeter Stärke haben sollte – es geht schließlich den Großen an

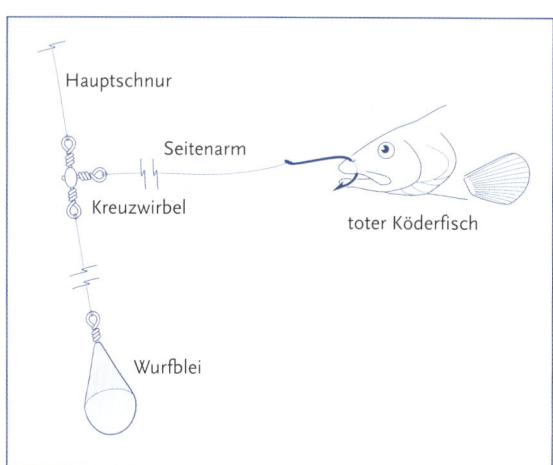

Mit dem toten Köderfisch in der Strömung

die Kiemen – wird ein Kreuzwirbel angebunden. An das durchgehende Ende kommt ein Blei, das schwer genug sein muss, um die Montage stationär in der Strömung zu halten. An das andere Ende wird ein ungefähr 60 bis 80 Zentimeter langer Seitenarm geknotet, an dessen Ende der Haken mit dem angeköderten toten Fischchen sitzt. Die Montage wird an einer erfolgversprechenden Stelle versenkt und bei einem Biss unverzüglich angehauen.

Tödliche Spezialköder

Erlaubt ist, was gefällt! Für die Angelei mit natürlichen Ködern trifft dies in besonderem Maße zu. So gibt es von einem der bekanntesten Abschnitte der Traun, einem (für das Fliegenfischen) weltberühmten Salmonidenfluss, die Geschichte, als Charles Ritz unter einer Brücke stand und von Zuschauern auf der Brücke mit Brot versorgt wurde, das er statt einer Kunstfliege an seinen Haken band und einige Fische fing; Brückenforellen die jahrelang mit Brot gefüttert werden, sind nur noch schwer für andere Köder zu begeistern. Man muss durch genaue Beobachtung nur darauf kommen, wie man sie „packen" kann.

Doch auch für andere, teils recht unorthodoxe Wege sollte man offen sein und beizeiten darüber nachdenken, was die Fische wirklich *wollen*. Beispielsweise besteht im Kreidefluss die Nahrung zu einem Großteil aus Bachflohkrebsen und Wasserschnecken. Anstatt also zum x-ten Mal erfolglos einen Wurm an den Haken zu hängen, sollte man durchaus mit einem Bündel Bachflohkrebse experimentieren oder den Fischen eine Wasserschnecke anbieten. Und nichts ist zu abgefahren; Kirschen für Döbel sind ja mittlerweile schon legendär, genauso wie Nacktschnecken. Aber die alten Angler aus der Ortschaft, in der ich wohne, schwören zeitlebens auf einen Köder, der als „Ackermann-Kranz" (frei nach dem gleichnamigen

Dorfbäcker) in die Annalen des Ortes einging. Dieser nicht nur als Köder unerreichte Hefekranz ging jedoch mit dem alten Bäckermeister vor ungefähr 15 Jahren in den Ruhestand und ward seither – sehr zum Leidwesen vieler heimischer Petrijünger wie Kaffeekränzchen – nicht mehr gesehen. Fazit: Es lohnt sich, fernab der ausgetretenen Köderpfade neue (oder teils sehr alte) Wege zu beschreiten. Es muss eben nicht immer Kaviar sein!

So fischt man mit der Wasserkugel

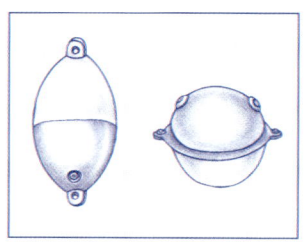

Wasserkugel (Buldo) in Eiform und Kugelform

Die Wasserkugel ist eine Erfindung, die es dem Angler ermöglicht, zwei an sich fast nicht miteinander vereinbare Kriterien zu erfüllen: Sie kann, auf Grund ihres Gewichts, einen Köder weit hinausbefördern, aber behindert ihn nach dem Auftreffen auf die Wasseroberfläche praktisch nicht mehr, da sie dann plötzlich nichts mehr zu wiegen scheint. Voodoo-Zauber? Nein, Wasser! Ihr Name verrät es bereits, eine Wasserkugel füllt man sinnigerweise mit Wasser, verschließt sie und hat dann ein ordentliches Gewicht, um leichte Köder weit auszuwerfen. Und da Wasser nicht schwerer als Wasser ist, verliert sie ihr Gewicht in dem Moment, wo sie im nassen Element schwimmt.

Sie ist meist aus durchsichtigem Kunststoff hergestellt, etwa so groß wie ein Golfball und besitzt mehrere Ösen. So ist es möglich, sie auf zwei Arten einzusetzen: Einmal wird sie am Ende der Hauptschnur befestigt, wobei ungefähr 50 Zentimeter vor ihr ein Seitenarm in Vorfachstärke (also etwa 0,25 Millimeter) angeknotet wird. An diesem befestigt man einen Haken der Größe 4–5, auf den eine echte Heuschrecke aufgezogen wird. Die zweite Möglichkeit ist, die Wasserkugel an die Hauptschnur zu binden und dahinter kommt ein Vorfach von ungefähr 1 oder

1,5 Meter Länge. In diesem Fall ist sie wie ein Schwimmer montiert. Die Hakengröße ist dabei abhängig vom Köder. Teige, Mais und verschiedene Würmer gelten als fängig.

Ach ja, fast hätte ich es vergessen: Einige Spezialisten binden sogar künstliche Fliegen an Wasserkugelmontagen, wohl weil sie keine Fliegenrute werfen können. Sei's drum. Einen lieben (Fliegenfischer-)Freund habe ich mal erwischt, als er eine Fliegenrute (!) mit einem Sargblei (!) und einem Tauwurm (!) zum Aalangeln (!) auf Grund (!) legte. Nein, ich bin kein Purist, aber genug ist genug!

So fischt man mit dem Tiroler Hölzl

Das Tiroler Hölzl kommt dort zum Einsatz, wo ein Köder in einem Fluss mit der Strömung tief angeboten werden soll und wurde vermutlich aus der Not der ständigen Hänger im Fließgewässer heraus geboren. Das Tiroler Hölzl besteht aus einem länglichen, zylindrischen Körper, der auf einer Seite beschwert und auf der anderen Seite luftgefüllt ist. Wirft man es ins Wasser, sinkt es zwar mehr oder weniger schnell zum Grund, bleibt dabei aber, wie ein Stehaufmännchen, immer in derselben Lage. An seiner (leichteren) Oberseite befindet sich eine Öse zum Einhängen. Bindet man das Tiroler Hölzl an die Schnur und lässt es in der Strömung laufen, hoppelt es, gehalten von der Luftblase im oberen Teil, über die Sohle des Gewässers. Der Köder, der an einem Vorfach am oberen Ende eingehängt

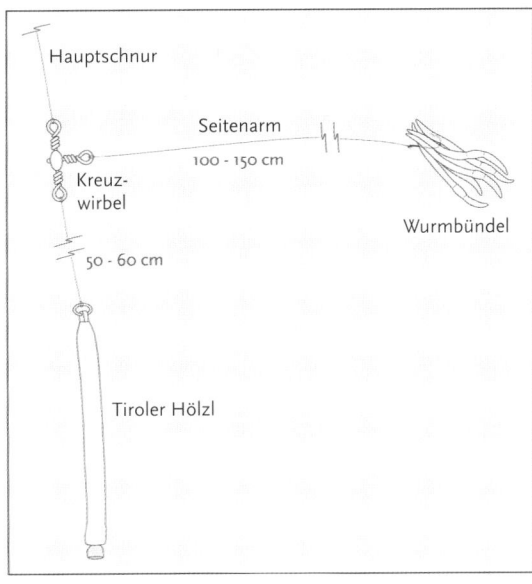

Tiroler Hölzl-Montage in der Strömung

Tiroler Hölzl

ist, wird dabei genügend weit vom Boden ferngehalten, um den obligaten Hängern zu entgehen. Die Darstellung verdeutlicht seinen Einsatz bei der Präsentation eines Tauwurmbündels. So kann es ohne Hänger über längere Strecken in der Strömung angeboten werden. Bisse bemerkt man durch einen scharfen Ruck an der Schnur. Die Würmer sollten sich möglichst am Haken bewegen und lieber zu oft als zu selten ausgetauscht werden. Deshalb schon vor dem Losgehen an einen ausreichenden Vorrat denken! Die Methode ist auf Meerforellen übrigens genauso erfolgreich, wenn auch nicht immer und überall erlaubt.

So fischt man vom Boot aus

Selbst mit der hundsnormalen Wurmmontage ist eine Art Schleppfischen möglich. Dazu lehnt man beim langsamen Rudern die Rute an die Bordwand, während man versucht, nur so viel seitliche Bewegung zu erzeugen, dass der Schwimmer hin und wieder leicht angehoben wird. Das funktioniert am besten, wenn der Wind leicht bläst und man schräg gegen die Wellen anrudert. Die natürlichen Hüpfbewegungen des Köders unter Wasser üben einen schier unwiderstehlichen Reiz auf Seeforellen aus, die dann auch oft genug zupacken. Für ihren gezielten Fang sollte man den Haken mit Tauwürmern beködern und die Rute stets griffbereit, am besten auf dem Schoß haben. Denn wenn eine Seeforelle zupackt, sollte man nicht lange fackeln sondern beherzt anschlagen. Beim „echten" Schleppfischen werden hinter dem fahrenden Boot Kunst- und Naturköder wie Spinner, Wobbler oder Löffel hinterhergezogen. Da es sich um eine sehr umfangreiche Disziplin handelt, die viel Erfahrung verlangt, möchte ich an dieser Stelle auf das Buch „Angeltechniken – Wege zum Fangerfolg" verweisen; in seinem Kapitel erklärt Eberhard Anneken etliche der Techniken so ausführlich wie leicht verständlich.

Tippfischen

Das Tippfischen ist eine recht alte Technik, um Forellen habhaft zu werden. Mit einer langen und leichten Rute (um 3 Meter) wird an feiner Schnur (um 0,25 Millimeter) ein noch feineres Vorfach montiert (um 0,20 Millimeter), auf dessen Haken man eine lebendige Heuschrecke aufzieht. Aus der Deckung heraus – und das ist häufig das Problem – lässt man die Heuschrecke auf der Wasseroberfläche über vermeintlich „heiße Stellen" treiben. Das klingt jetzt entschieden leichter als es in Wirklichkeit ist, da man eben nur im Idealfall hinter einer Deckung direkt über dem anvisierten Fisch steht, um ihm den Happen ins Maul zu servieren. Möchte man mehr Schnur geben, um einen vermeintlichen Standplatz zu erreichen, kommt man in ähnliche Schwierigkeiten wie beim Fliegenfischen (wenn die Strömung an der Schnur zerrt), nur ist die Schnur dort stärker und bietet entsprechend mehr Widerstand. Werfen lässt sich diese Minimalmontage zwar nicht, doch in ihrer Einfachheit liegt auch ihre Stärke: Im besten Fall ist das letzte, was die Forelle in ihrem Leben sieht, nichts anderes als eine ganz normale Heuschrecke. Ihre *letzte* Heuschrecke ...

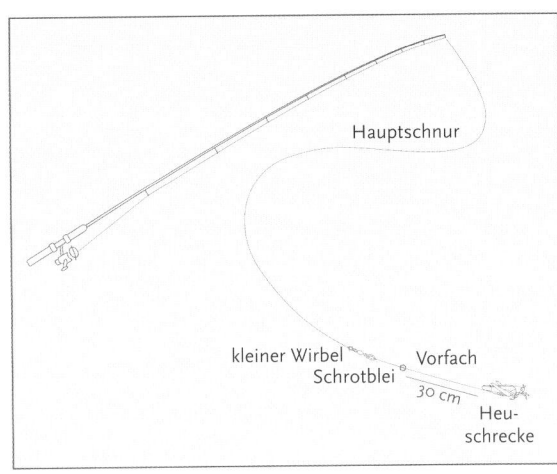

Das Tippfischen

Knigge für Forellenangler

„Alles wird aus dem Wasser geboren, alles wird durch das Wasser erhalten."

Johann Wolfgang von Goethe

Die menschliche Einstellung gegenüber der Natur unterliegt seltsamerweise gewissen Schwankungen. Wurden noch vor weniger als einer Dekade „böse Fischräuber" wie Eisvogel und Otter als Konkurrent des Anglers gnadenlos und mit fast allen Mitteln verfolgt, sind sie beide mittlerweile nicht nur gern gesehene Gäste am Wasser sondern zu Synonymen intakter Natur geworden. Heute stellt der Angler selbst – oftmals durch Unwissenheit über grundlegende Zusammenhänge in der Natur – bisweilen eine Gefahr für das Wasser und seine Bewohner dar. Und um diese möglichst zu vermeiden, wurden vom Gesetzgeber folgende Regeln eingeführt, an die sich jeder Angler halten muss.

Fanglimits, Schonmaße und Schonzeiten

Sie wurden geschaffen, um unseren Fischen ihre Lebensgrundlage zu sichern, indem man sie vor Überfischung schützt. Ähnlich wie bei der geregelten Forstwirtschaft zielt das Ganze darauf ab, nur Zuwachs abzuschöpfen, die Grundpopulation aber nicht anzutasten. Nachhaltigkeit ist dabei das Zauberwort!

Fanglimits definieren dabei die maximale Anzahl von Fischen, die in einem gewissen Zeitraum aus einem Gewässer entnommen werden dürfen. In einem natürlichen Gewässer bedeutet das, dass man jährlich nicht mehr Fische fangen darf als sich jährlich wieder reproduzieren können. In unseren Gewässern – von denen die meisten künstlich besetzt werden, da sie ohne eine aus-

FANGLIMITS, SCHONMASSE UND SCHONZEITEN

Mitten im Fluss

reichende Zahl geeigneter Laichplätze keine Grundlage zur natürlichen Fortpflanzung darstellen – darf man in einem Zeitraum nicht mehr Fische fangen als im selben Zeitraum besetzt werden. Logisch!

Schonmaße beschreiben die minimale Gesamtlänge (gemessen von der Schnauzen- bis zur Schwanzspitze), die ein *maßiger* Fisch aufweisen muss, um dem Wasser entnommen werden zu dürfen. Kleinere, also so genannte *untermaßige* Fische müssen – möglichst unverletzt – wieder laufen gelassen werden, da sie regelmäßig noch nicht geschlechtsreif sind und ihren Teil am Fortbestehen der eigenen Art noch nicht geleistet haben.

Schonzeiten sind Zeiträume, in denen bestimmte Fischarten Schutz vor dem Angler genießen. Diese sind in aller Regel mit der Laichzeit der betreffenden Fischart deckungsgleich und somit für die meisten Arten zu unterschiedlichen Zeiten im Jahresverlauf. Der Sinn ist der, dass versucht wird, die Bestände nicht über Gebühr dadurch zu dezimieren, dass man die Elterntiere fängt, die sich dann nicht mehr reproduzieren können. Das

Da stehen die Fische Kopf – mit Hilfe einer Arterienklemme wird die Fliege entfernt.

berühmteste und zugleich abschreckendste Beispiel schlechthin ist der Stör, dem man *gerade während* der Laichzeit nachstellt, um an seinen Rogen, den Kaviar, zu gelangen, und ihn somit weitgehend ausgerottet hat.

Die Schonmaße wie auch die Schonzeiten werden grundsätzlich in den Landesfischereigesetzen geregelt. Das bedeutet ganz praktisch, dass die Schonmaße und Schonzeiten einzelner Arten von Bundesland zu Bundesland unterschiedlich sein können. Nachzulesen sind diese auf der Rückseite des Fischereischeins.

Tierschutzgerechtes Töten eines Fisches

Einen „normalen" Fisch (Aale, Plattfische und Krebstiere werden anders getötet) tötet man tierschutzgerecht, indem man ihm zunächst mit einem harten, schweren Gegenstand kurz und hart zwischen die Augen schlägt. Zu diesem Zweck gibt es eine ganze Reihe Totschläger (oder „Priests") im Fachhandel, die sehr zu empfehlen sind, da die Suche nach dem dürren Ast am Ufer mit einem nach Luft ringenden Fisch in der Hand zu den unschönen Bildern am Wasser zählt. Dieser erste Schlag dient jedoch nur zur Betäubung vor dem eigentlichen Töten. Man sticht dann mit einer kleinen, möglichst scharfen Klinge entweder auf der Bauchseite zwischen den Brustflossen in Kopfrichtung oder seitlich hinter dem Kiemendeckel ein, um viele Blutgefäße zu durchtrennen. Der Fisch soll möglichst schnell verbluten.

Der Tod eines Fisches ist anhand des Augendreh-Reflexes feststellbar. Dreht man einen lebenden Fisch langsam auf die Seite, dann bleiben seine Augen auf der horizontalen Ebene stehen. Beim toten Fisch bleiben sie dagegen starr stehen.

Für weniger amüsant halte ich es, wenn man unter Fotos in Zeitschriften liest, dass der abgebildete Fisch nach dem Foto in der Hand des stolzen Fängers wieder unverletzt in die Freiheit entlassen wurde – der arme Kerl aber schon mausetot ist, da seine Augen steil gen Himmel schielen ...

Catch and Release

Aus Amerika kam vor etwa 15 Jahren eine Praktik zu uns, die sich „Catch and Release" (Fangen und Freilassen) nennt. Ursprünglich war das in den USA ein Instrument, um die unter starkem Befischungsdruck stehenden Forellenpopulationen der Nationalparks zu schonen, sie aber trotzdem der Öffentlichkeit zum Fischen zugänglich zu machen. Alles, was man dort fängt, muss ohne Rücksicht auf Größe oder Gewicht wieder eingesetzt werden. Ausnahmen gibt es keine und die Strafen gegen Verstöße sind meist streng. Viele Angler an unseren Gewässern – vor allem Fliegenfischer – sprangen später auf diesen Zug auf und machten diese Praktik zu ihrer persönlichen Religion.

Dabei sollte man jedoch eine Sache im Hinterkopf haben: Der deutsche Gesetzgeber sagt (sinngemäß), dass niemand einem Fisch *ohne vernünftigen Grund* Schaden zufügen darf. Der Fang bedeutet für einen Fisch immer ein leidvolles Erlebnis, und wenn man einen Fisch nur zur eigenen, sportlichen Betätigung fängt, muss dies als vernünftiger Grund angezweifelt werden. Der beste Grund, zum Fischen zu gehen, ist meiner Ansicht nach das erklärte Ziel Fische zu fangen, um sie anschließend zu verzehren. Eine schmackhaft zubereitete Forelle überzeugt mich davon immer wieder!

Die besten Forellenrezepte aus aller Welt

„Unter den Händen eines geschickten Koches kann der Fisch eine unerschöpfliche Quelle gastronomischer Genüsse werden."

Jean A. Brillat-Savarin

Eine alte, volkstümliche Regel sagt: „Fisch will dreimal schwimmen: im Wasser, im Schmalz und im Wein." Über den Fisch und das Wasser wurde auf den vorhergehenden Seiten viel erzählt. Wenden wir uns nun seinem nächsten Element, dem Schmalz und seiner Zubereitung darin zu.

Vom Haken in den Topf

Das A und O bei der Zubereitung von Fisch ist die unbedingt erforderliche Frische; ein Anspruch, welcher für den Angler – der nach der Lektüre dieses Buches auch regelmäßig Beute macht! – kein Problem sein sollte. Möchte man abends einige Fische mit nach Hause nehmen, dann ist die Verwendung eines Weidenkörbchens, das mit möglichst saftigen Blättern von Brennnessel (sie haben richtig gelesen), Wegerich, Sauerampfer oder ähnlichem ausgelegt wurde, sehr empfehlenswert. Die Fische werden ausgenommen hineingelegt, wobei zwischen die einzelnen Fische jeweils eine weitere Schicht der Blätter gelegt werden sollte. Der längere Aufenthalt in einer Plastiktüte ist weder dem Geschmack noch der Frische dienlich.

Man sagt, dass beim Ausnehmen darauf verzichtet werden sollte, die Bauchhöhlen der Fische mit Flusswasser auszuspülen, da die Verunreinigung durch Keime dadurch vorprogrammiert ist. Machen tut das trotzdem jeder und gestorben ist meines Wissens auch noch nie-

> **TIPP**
> Eine Forelle ist zu etwa 50% zum Verzehr verwertbar. 100 Gramm ihres Fleisches enthalten 19 g Eiweiß, 78 g Wasser, 2 g Fett und 1,2 g Mineralien. Nur wenige andere Lebensmittel enthalten so viel hochwertiges Eiweiß und im Vergleich zum Fleisch von Warmblütern enthält Fisch viel weniger Bindegewebe, was ihn so bekömmlich macht.

mand daran. Wie man einen Fisch richtig ausnimmt, lässt man sich am besten von jemandem in natura zeigen, denn selbst einige Seiten Text zu diesem Thema können die direkte Demonstration am Wasser nicht ersetzen.

Doch eigentlich beginnt die fachgerechte Versorgung bereits beim Fang: Drillt man einen Fisch unnötig lange, dann verausgabt er sich (in seinem Todeskampf, wohlbemerkt!) über alle Maßen, was zu einer deutlichen Minderung der Fleischqualität führen kann. Um dem entgegenzuwirken, wählt man das Vorfach ein bisschen stärker und versucht, den Drill – bei allem Sportsgeist – möglichst zu verkürzen. Das Gleiche gilt im Übrigen natürlich auch, wenn man vorhat, einen Fisch wieder laufen bzw. schwimmen zu lassen! Je kürzer der Drill, desto besser seine Überlebenschance.

Nachfolgend finden sich einige, hoffentlich nicht ganz alltägliche Rezepte, die diese Abhandlung über die Forelle zu einem geschmackvollen Abschluss bringen sollen. Kochtopfangler sind zwar allenthalben verpönt, ich kann mir jedoch keinen besseren Grund für einen Tag am Wasser vorstellen, als den, Beute zu machen.

TIPP

Ein wichtiger Indikator für die körperliche Konstitution eines Fisches ist die Totenstarre, die er „durchlebt": Bei einem Fisch von guter Kondition setzt sie spät ein und hält lange an. Bei einem Fisch von schlechter Kondition setzt sie früh ein und ist nur von kurzer Dauer. Letzterer sollte bald verzehrt werden, er ist nur für kurze Zeit haltbar!

Dunkle Schönheit aus einem See in den schottischen Highlands

Gebeizte Forelle

Für dieses Rezept eignet sich ein größeres Exemplar (sagen wir ab 50 Zentimeter Körperlänge), da es vor der Zubereitung filetiert werden muss. Gebeizte Forelle erinnert geschmacklich ein wenig an geräucherte Forelle, nur schmeckt sie weniger scharf und rundherum feiner.

Zutaten	Zwei Filethälften einer großen Forelle, an denen noch die Haut ist, 5 weiße Pfefferkörner, 1 Korianderkorn, 1 Wacholderbeere, 4 TL Zucker, 1 TL Salz, 1 Bund frischer, grob gehackter Dill, etwas grob gehackte, frische Petersilie.

Zuerst werden von den Filets möglichst viele der Gräten (mit einer kleinen Flachzange) entfernt. Die Zutaten für die Beize zerstößt man in einem Mörser oder mit einem großen Löffel, wobei wichtig ist, dass alles fein zermahlen wird. Die so vorbereiteten Gewürze werden mit dem Zucker und Salz vermengt und die Filets mit dieser Mischung eingerieben. Jetzt die Filets in durchsichtige Frischhaltefolie einschlagen und auf ein Küchenbrett legen. Darauf kommt ein zweites Küchenbrett, das beschwert wird, bevor das Ganze für etwa zwölf Stunden in den Kühlschrank wandert. Nachdem alles gut durchgezogen ist, schabt man die Beize ein wenig ab und schneidet mit einem langen, flexiblen und sehr scharfen (wichtig!) Messer feine, schräge Streifen ab. Ein Gedicht ...

Truite à l'Estragon (Estragonforelle)

Ein Rezept aus Südfrankreich, das von der Frische seiner Zutaten, vor allem der des Estragons, lebt: Die frischen Estragonzweige werden fein gehackt. Zwei Esslöffel da-

TRUITE À L'ESTRAGON (ESTRAGONFORELLE)

von werden mit den Semmelbröseln und dem Ei vermengt und dann gepfeffert und gesalzen. Mit dieser Masse werden die Fische gefüllt und in eine feuerfeste Form gelegt. Jetzt gießt man den Wein an, gibt die in Scheiben geschnittene Zwiebel hinzu und würzt das Ganze mit frischem Pfeffer aus der Mühle und salzt die Fische.

Bei 200 °C werden die Fische anschließend etwa 20 Minuten gegart, wobei die Form mit Alufolie abgedeckt wird, damit sie nicht zu trocken werden. Nach dem Garen die Fische aus der Form nehmen, Köpfe und Schwänze entfernen und auf einer vorgewärmten Platte warm stellen.

Die beim Garen entstandene Flüssigkeit wird nun durch ein Sieb gegossen und, wenn zuviel verdampft sein sollte, mit etwas Wasser gestreckt (für die Zubereitung der Sauce braucht man mindestens 150 ml Flüssigkeit).

Zutaten (für vier Personen)

4 küchenfertige Forellen von je etwa 300 g, ein Bund frische Estragonzweige, 3 EL Semmelbrösel, 1 Ei, 1 EL Mehl, 1 Becher Sahne, 25 g Butter, 1 Schalotte, Salz, Pfeffer aus der Mühle sowie 1 kleines Glas trockener Weißwein. Als Beilage reicht man Blätterteigrosetten.

In der Butter wird nun das Mehl angeschwitzt und anschließend zuerst der Fischfond, dann die Sahne hinzugegeben. Unter ständigem Rühren lässt man die so entstandene Sauce kurz aufkochen, würzt sie mit Pfeffer und Salz und gibt einen weiteren Esslöffel frisch gehackten Estragon hinzu. Wenn man möchte, kann man die Sauce mit einem Pürierstab schaumig schlagen. Auf jeden Fall wird sie heiß über die warm gestellten Fische gegeben und mit gewärmten Blätterteigrosetten serviert. Bon appétit!

Forelle mit Sauerampfer

Dieses Rezept stammt von meinem Angelfreund Manfred Braig, der so freundlich war, es für dieses Buch zur Verfügung zu stellen. Es erschien erstmals in seinem Buch „Badische Wildkräuterküche", welches mittlerweile leider vergriffen ist.

Zutaten (für vier Personen)
4 küchenfertige Forellen von je etwa 300 g, Saft einer halben Zitrone, 200 g Sauerampfer, 1 Bund Petersilie, 1 Zwiebel, 100 g Butter, 2 EL Haferkleie (mit Keim, aus dem Reformhaus), Salz, weißer Pfeffer aus der Mühle, 1/8 l trockener Weißwein sowie 2 EL Crème fraîche.

Wiesen-Sauerampfer

Die Forellen zuerst innen und außen mit kaltem Wasser abspülen, trockentupfen, mit Zitronensaft beträufeln und zehn Minuten ruhen lassen. Inzwischen den Sauerampfer und die Petersilie waschen, trockentupfen und die Stiele restlos entfernen. Die Blätter klein schneiden. Die geschälte Zwiebel fein würfeln und mit den Kräutern in 40 Gramm Butter glasig dünsten. Die Haferkleie unterrühren. Die Forellen nun gleichmäßig mit der Kräutermischung füllen, außen mit wenig Salz und etwas mehr Pfeffer würzen.

Die restliche Butter in einer großen Pfanne erhitzen und die Forellen auf jeder Seite etwa drei Minuten anbraten, dann mit dem Wein ablöschen. Die Fische in der zugedeckten Pfanne bei milder Hitze noch fünf Minuten nachgaren lassen. Die Forellen anschließend aus der Pfanne nehmen und warm stellen. Den Fond mit Crème fraîche binden, mit Salz und Pfeffer abschmecken und durch ein Sieb gießen. Getrennt zu den Forellen reichen. Mit Kartoffelsalat oder Stangenweißbrot servieren. Sauer macht lustig!

Chinesische Zucchiniforelle aus dem Wok

Auch die asiatische Küche kennt die Forelle und weiß durchaus, wie dieses Rezept belegt, mit ihr umzugehen. Sie wird in einem Wok, jenem halbkugeligen chinesischen Kochgerät (einen Wok einen Topf zu nennen, wäre eine schlichte Untertreibung) aus Gusseisen, auf einem Gitterrost im heißen Dampf gegart. Wer keinen Wok hat, kann sich zur Not mit dem Backofen behelfen.

Die Forellen werden gewaschen, mit Küchenkrepp trockengetupft, leicht gesalzen und gepfeffert. Die Flanken der Fische drei- oder viermal schräg einschneiden. Die Zitrone waschen, abtrocknen, die Schale reiben und die Zitrone auspressen. Den Ingwer und die Schalotte schälen und sehr fein würfeln. Die Petersilie waschen, fein hacken und mit der geriebenen Zitronenschale, der Schalotte und dem Ingwer mischen. Mit der Hälfte der Mischung die Bauchhöhlen der Fische füllen. Die Zucchini waschen und in (wirklich) dünne Scheiben schneiden. Eine feuerfeste Platte, die in den Wok passen muss, mit Öl einstreichen und die Zucchinischeiben dachziegelartig darauf ausbreiten. Leicht salzen und mit etwas Zitronen-

TIPP
Bei wilden Forellen entsteht das begehrte rosafarbene Fleisch dadurch, dass sie sich in erster Linie von carotinhaltigen Bachflohkrebsen (Gattung *Gammarus*) ernähren. Dies ist in der Hauptsache in basisch gesättigten, kalkhaltigen Gewässern der Fall, in denen die Gammariden das tägliche Brot der Forellen sind.

Zutaten (für zwei Personen)

2 küchenfertige Forellen von je etwa 300 g, 1 Schalotte, 1 unbehandelte Zitrone, 1 Stückchen frischen Ingwer (etwa walnussgroß), 1 Bund Petersilie, 2 kleine Zucchini (etwa 250 g), Salz, Pfeffer aus der Mühle, 3 EL Sojasoße, 3 EL trockener Sherry, 2 TL Sesamöl, 1 TL Zucker und etwas neutrales Öl.

saft beträufeln. Die Sojasoße, den Sherry, zwei EL Zitronensaft, das Sesamöl, den Zucker sowie Salz und Pfeffer gut miteinander zu einer Marinade verrühren. Jeweils einen EL davon träufelt man in den Bauch der Fische.

Die Fische auf die Zucchini legen, mit der restlichen Gewürzmischung bestreuen und die Marinade darüber gießen. In einem Wok 375 ml Wasser aufkochen und die Platte mit dem Siebeinsatz in den Wok stellen. Bei mittlerer Hitze zugedeckt 20 Minuten dämpfen. Dazu reicht man Reis, milde Sojasoße sowie Sambal Oelek zum Nachwürzen.

Forelle im Salzmantel

Diese Garmethode ist sehr alt und mutet im Zeitalter des Mikrowellenherds eher etwas seltsam an. Gerade deswegen wird diese Zubereitungsart zum regelrechten Happening, wenn man seine Gäste einmal beeindrucken will!

Den küchenfertigen Fisch unter fließendem Wasser abbrausen und mit Küchenkrepp trockentupfen. Die Kräuter waschen, grob auseinander zupfen und in den Bauch des Fisches legen. Den Backofen auf etwa 250 °C vorheizen. In einer großen Schüssel das Salz, die zwei Eiweiß und etwas Wasser anrühren. Die Konsistenz der Masse sollte so sein, dass man eine „Salzburg" daraus bauen könnte. Auf einem Backblech wird nun eine ungefähr zwei Zentimeter dicke Salzschicht aufgebracht, auf die der Fisch gelegt wird. Dann beginnt man, die restliche Masse auf dem Fisch so zu verteilen, dass er komplett von einem Salzpanzer umgeben ist, den man gut andrückt. Dabei muss man unbedingt darauf achten, dass die Bauch-

Zutaten (für vier Personen) 1 große Forelle von ungefähr 1 kg, frische Kräuter wie Petersilie, Dill, Basilikum oder ähnliches, 2,5 kg Salz (im Zweifel lieber etwas mehr als zuwenig), 2 Eiweiß, 100 g Butter, 2 Zitronen und Pfeffer aus der Mühle.

Zum Wohl!

In welchem Wein schwimmen Forellen eigentlich am liebsten? Der beste Begleiter zu Fisch bei Tisch ist fast immer Champagner. Das klingt möglicherweise etwas überkandidelt, ist aber so! Sehr zu empfehlen ist auch ein trockener, französischer Crémant (ein Sekt, der im Elsass nach Champagnerart hergestellt wird und bei weitem billiger, aber nicht viel schlechter ist) oder ein ganz normaler deutscher Sekt. Letzterer sollte „knochentrocken" und keinesfalls zu billig sein, sonst ruiniert er das beste Essen. Auch mit einem leichten, trockenen Weißwein, einem Riesling, einem weißen Burgunder oder einem Chardonnay, liegt man fast immer richtig. Bei Fischgerichten, die etwas deftiger sind, passt selbst ein Rosé oder leichter Rotwein (etwa ein Beaujolais) hervorragend. Die alten Wein-Regeln werden sowieso immer wachsweicher, genau genommen ist heute erlaubt, was gefällt!

öffnung geschlossen ist, so dass keine größeren Mengen der Salzmasse eindringen können. Bei 250 °C verbleibt die Forelle ungefähr eine halbe Stunde auf der mittleren Schiene des Ofens. Dann wird der Ofen ausgeschaltet und die Ofentür mit einem Kochlöffel so verklemmt, dass sie einen Spalt offen bleibt. In dieser Stellung verbleibt der Fisch weitere zehn Minuten, bevor man ihn herausholt. Zwischenzeitlich lässt man in einem Pfännchen die Butter zergehen und viertelt die Zitronen. Mit einem Hammer (ja, richtig!) wird dann vorsichtig der Salzpanzer aufgeschlagen, wobei die Haut der Forelle am Salz hängen bleibt und nicht mitgegessen wird. Das Fleisch sollte portionsweise unbedingt auf vorgewärmten Tellern serviert und mit ein wenig zerlassener Butter übergossen werden. Wer will, kann noch eine Spur frisch gemahlenen Pfeffer darüber geben. Immer wieder beeindruckend!

Rechtliche Bestimmungen

Wer angelt, muss sich an geltende Rechte halten. An Binnengewässern und oft auch am Meer darf man nur mit Fischereischein angeln, der ab einem gewissen Alter eine bestandene Fischereiprüfung voraussetzt. Zusätzlich braucht man in der Regel für das betreffende Gewässer eine Angelberechtigung. Schonzeiten und Mindestmaße sind einzuhalten und weitere Vorschriften zu beachten. Die rechtlichen Bestimmungen unterscheiden sich je nach Land, Bundesland oder Kanton und ändern sich von Zeit zu Zeit. Deshalb finden Sie hier nicht eine Aufstellung der geltenden Rechte und Vorschriften, sondern eine Liste von Adressen, bei denen Sie sich nach den gültigen Bestimmungen in Ihrem Angelrevier erkundigen können.

Adressen

Deutschland
Deutscher Anglerverband e.V. (DAV)
Hausburgstr. 13
10249 Berlin
Tel. 030-42 72 975
oder 42 60 113
Fax 030-42 69 135

Verband Deutscher
Sportfischer e.V. (VDSF)
Siemensstr. 11–13
63071 Offenbach a. M.
Tel. 069-85 50 06
Fax 069-87 37 70

Bundesministerium
für Ernährung,
Landwirtschaft und Forsten
Postfach 14 02 70
53107 Bonn
Tel. 0228-52 90
Fax 0228-52 94 410
Hier erhalten Sie die
Adresse der Obersten
Fischereibehörde
Ihres Bundeslandes.

Bundesforschungsanstalt
für Fischerei
Palmaile 9
22767 Hamburg
Tel. 040-38 90 50
Fax 040-38 90 5129

Österreich
Verband österr.
Arbeiter-Fischerei-Vereine
Lenaugasse 14
1080 Wien
Tel. 01-40 32 176
oder 40 39 754
Fax 01-40 32 120

Österr. Sport und
Fischereiverband
Laudongasse 16
1082 Wien
Tel. 01-40 84 629

Österr. Fischereigesellschaft
Elisabethstr. 22
1010 Wien
Tel. 01-58 65 248

Schweiz
Schweizerischer Fischerei-
Verband Geschäftsstelle
Tobias Winzeler
Postfach 8218
3001 Bern
Tel. 031-38 13 252
Fax 031- 38 20 289

Bundesamt für Umwelt,
Wald und Landschaft
Tel. 031-32 29 377
oder 32 29 332
Fax 031-32 30 371

Zum Weiterlesen

Bücher

Aichele, D.:
Das fängt man mit der Angel.
Kosmos, Stuttgart 1999.

Anneken, E., Jacob, T. & Specimen Hunting Group Dortmund:
Angeltechniken – Wege zum Fangerfolg.
Kosmos, Stuttgart 2001.

Atkinson, R. V.:
Lachs & Forelle – Fliegenfischen in den Traumrevieren der Erde.
Kosmos, Stuttgart 2000.

Borne, M. v.d. & A. Göllner (Hrsg.):
Die Angelfischerei.
Paul Parey, Berlin, 1998.
(jetzt Kosmos)

Edwards, O.:
Meine besten Fliegen.
Paul Parey, Hamburg 1995.
(jetzt Kosmos)

Gathercole, P.:
Catch that Fish! Erfolgreiches Fliegenfischen – das Praxisbuch.
Kosmos, Stuttgart 2001.

Gerstmeier, R. & T. Romig:
Die Süßwasserfische Europas.
Kosmos, Stuttgart 1998.

Hebeisen, H. R.:
Faszination Fliegenfischen.
Kosmos, Stuttgart 2000.

Janitzki, A.:
1 mal 1 des Angelns.
Kosmos, Stuttgart 2001.

Porte, F. de la:
Fliegenbinden – Schritt für Schritt.
Kosmos, Stuttgart 2000.

Staub, E.:
Anglerknoten leicht gemacht.
Kosmos, Stuttgart 2000.

Staub, E.:
Farbatlas der Angelfische.
Kosmos, Stuttgart 2000.

Steinfort, H.:
Fliegenfischen für Anfänger.
Kosmos, Stuttgart 1999.

Willock, C.:
Das Große ABC des Fischens.
Paul Parey, Hamburg, 1994.
(jetzt Kosmos)

Frisch von der Angel – Die besten Outdoor-Fischrezepte.
Kosmos, Stuttgart 2001.

Zeitschriften

Fisch & Fang.
sowie
Der Raubfisch.
Paul Parey Zeitschriftenverlag, Singhofen.

Blinker.
Jahr-Verlag, Hamburg.

Angeln im Internet

www.vdsf.de
www.fischundfang.de
www.raudfisch.de
www.fischerpruefung.de
www.fische.de
www.fischernetz.com
www.fischweb.at
www.sfv-fsp.ch
www.fischerweb.ch

REGISTER

Aktion	38, 54
anadrom	6, 13
Anhieb	50
Anwerfen	49, 66
Ausnehmen	82
Bachforelle	7
Bachforellensee	28
Blei	69
Blinker	59
Blinkern	53
Bremse	55
Brückenforelle	21, 73
Catch and Release	81
Deckung	20, 50, 77
Drill	51, 83
Einfachwirbel	62, 69
Entwicklung	10
Fanglimit	78
Färbung	8
Felchensee	28
Ferntastsinn	31
Fliege	42
Fliegenbinden	43
Fliegenfischen	35, 46
Fliegenfischerkurs	52
Fliegenmuster	43
Fliegenrolle	39
Fliegenrute	36
Fliegenschnur	40
Fliegenvorfach	41
Fließgewässer	26
Forellenregion	27
Forellenrezept	82
Forellensee	29
Fortpflanzung (Bachforelle)	9
– (Meerforelle)	15
– (Regenbogenforelle)	18
– (Seeforelle)	12
Geruchssinn	34
Geschmackssinn	34
Gesichtsfeld	32
Griff	54
Haken	69
Hakensystem	61
Hörvermögen	33
Karabinerwirbel	62, 69
katadrom	13

Kennzeichen (Bachforelle)	7
– (Meerforelle)	13
– (Regenbogenforelle)	16
– (Seeforelle)	11
Kiesgrund	21
Knoten	41, 57
Köder	42, 44, 58, 60, 68, 73
Köderfisch	61, 72
Kreuzwirbel	69
künstliche Köder	42, 58
Lachsfische	6
Laichhaken	18
Laichwanderung	6, 15
Landen	51
Lebensraum	19, 26
– (Bachforelle)	9
– (Meerforelle)	30
– (Regenbogenforelle)	17
Meer	30
Meerforelle	12
Monofile	41, 57
Multiplikatorrolle	56, 66
Nahrung	24
– (Bachforelle)	8
– (Meerforelle)	13
– (Regenbogenforelle)	16
– (Seeforelle)	11
natürliche Köder	61, 68
Oncorhynchus mykiss	15
Pendelwurf	65
Regenbogenforelle	15
Rezept	82
Rolle	39, 54
Rollwurf	48
Ruhe	21, 50, 66
Rutenhaltung	46
Saiblingssee	28
Salmo trutta	5, 7
– forma fario	7
– forma lacustris	11
– forma trutta	12
Salmonidae	6
Sauerstoff	23
Schleppfischen	76
Schnur	40, 57
Schnurklasse	37
Schonhaken	71
Schonmaß	78

Schonzeit	78
See	27
Seeforelle	11
Seeforellensee	28
Sehvermögen	32
Seitenlinienorgan	31
Seitenwurf	65
Sinnesleistung	31
Spezialköder	44, 60, 73
Spinner	58
Spinnfischen	53, 63
Spinnflucht	61
Spinnrute	53
Stahlkopfforelle	16
Standplatz	20
Stationärrolle	54, 64
Steelheadforelle	16
Stillgewässer	27
System	61
Systematik	6
Tageskarte	22
Taper	40
Tauwurm	68, 75
Timing	47
Tippfischen	77
Tiroler Hölzl	75
Töten	80
Trockenschnur	40
Überkopfwurf	47, 64
Überlebensrate	10
Verbreitung (Bachforelle)	9
– (Meerforelle)	14
– (Regenbogenforelle)	17
– (Seeforelle)	12
Verunreinigung	22
Verzehr	82
Vorfach	41, 48
Wartung	56
Wasserkugel	74
Wassertemperatur	23
Werfen	46, 63
Wirbel	59, 62, 69
Wobbler	60
Wurfbereich	46, 63
Wurfgewicht	38, 54
Wurm	68, 75
Wurmmontage	71, 72, 75
Zubehör	45, 63
Zubereitung	82
Zurücksetzen	71, 81

Faszination Angeln

Kosmos Angelpraxis – Erfolg am Wasser!

Die Einsteigerreihe, die ihren Namen verdient:

- mit überschaubarem Aufwand zum sicheren Erfolg
- Grundtechniken kompakt und klar
- die richtige Grundausrüstung: wofür Sie Ihr Geld sinnvoll ausgeben
- mit Tipps und Tricks vom Profi

Andreas Janitzki
1 mal 1 des Angelns

96 Seiten
73 Abbildungen
kartoniert

ISBN 3-440-08555-4

Und wenn es dennoch „haken" sollte:
fragen Sie unsere Autoren, mit Kosmos-InfoLine.

Die Reihe wird fortgesetzt.

Tom Jacob
Forellen angeln

96 Seiten
58 Abbildungen
kartoniert

ISBN 3-440-08556-2

www.kosmos.de

KOSMOS

Faszination Angeln

Wichtige Angeltechniken im Überblick

Naturnah, spannend, vielfältig: Angeln ist eine herausfordernde Freizeitbeschäftigung. Was der Einsteiger über grundlegende Angeltechniken wissen muss, erfährt er in diesem Buch: Spinnfischen, Stipp- und Posenfischen, Grundangeln, Schleppangeln und die Kunst des Fliegenfischens sind nachvollziehbar beschrieben und anschaulich durch Zeichnungen und Farbfotos illustriert.

Anneken, Jacob,
Specimen Hunting Group
Dortmund
Angeltechniken

176 Seiten
120 Abbildungen
gebunden

ISBN 3-440-07948-1

www.kosmos.de

Bildnachweis

Alle Fotos in diesem Buch stammen von Tom Jacob, mit Ausnahme von:
S. 36, 39, 42, 43, 45, 48, 53, 54, 58, 59, 60, 63: Christian Mandok
S. 8, 16, 31, 51: Eberhard Anneken
Farb- und sw-Illustrationen von Wolfgang Lang, Grafenau-Döffingen, mit Ausnahme von:
S. 7, 11, 12, 15, 32, 33, 62, 69 o, 69 u, 74, 76: Christiane Gottschlich, Berlin, nach Vorlagen und Entwürfen von Armin Göllner, Mannheim
S. 41 u, 57: Erwin Staub (aus „Anglerknoten leicht gemacht")
S. 86: Marianne Golte-Bechtle

Impressum

Mit 24 Farbfotos, 5 Farb- und 29 sw-Illustrationen

Umschlaggestaltung eStudio Calamar, unter Verwendung einer Farbaufnahme von Eberhard Anneken

Die Deutsche Bibliothek – CIP-Einheitsaufnahme

Ein Titelsatz für diese Publikation ist
bei der Deutschen Bibliothek erhältlich.

©2001, Franckh-Kosmos-Verlags-GmbH & Co., Stuttgart
Alle Rechte vorbehalten
ISBN 3-440-08556-2
Projektleitung: Claudia Sträb
Redaktion: Oliver Christian Weber
Gestaltungskonzept: eStudio Calamar
Gestaltung und Satz: Atelier Krohmer, Dettingen/Erms
Produktion: Heiderose Stetter, Martina Gronau
Printed in Czech Republic / Imprimé en République Tchèque
Druck und Bindung: Těšínská Tiskárna, a. s., Český Těšín

Informationen senden wir Ihnen gerne zu

Bücher · Kalender · Spiele
Experimentierkästen · CDs · Videos
Seminare
Natur · Garten & Zimmerpflanzen ·
Heimtiere · Pferde & Reiten ·
Astronomie · Angeln & Jagd ·
Eisenbahn & Nutzfahrzeuge ·
Kinder & Jugend

KOSMOS

Postfach 10 60 11
D-70049 Stuttgart
TELEFON +49 (0)711-2191-0
FAX +49 (0)711-2191-422
WEB www.kosmos.de
E-MAIL info@kosmos.de

Alle Angaben in diesem Buch erfolgen nach bestem Wissen und Gewissen. Sorgfalt bei der Umsetzung ist indes dennoch geboten. Der Verlag, der Autor und die Herausgeber übernehmen keinerlei Haftung für Personen-, Sach- oder Vermögensschäden, die aus der Anwendung der vorgestellten Materialien und Methoden entstehen könnten. Dabei müssen geltende rechtliche Bestimmungen und Vorschriften berücksichtigt und eingehalten werden.

KOSMOS-InfoLine

Tom Jacob ist seit seiner Jugend vom Angeln begeistert. Die Praxis am Wasser hat ihn zum Experten gemacht. Inzwischen betreibt er eine eigene Fliegenfischer-Schule im Schwarzwald. Sein Wissen gibt er in zahlreichen Einsteigerkursen und nun auch in diesem Buch an Angler weiter.

Sie können sich mit Ihren Fragen und Problemen an Tom Jacob wenden.

Schreiben Sie an die KOSMOS-InfoLine Angeln.

Kosmos Verlag
Infoline Angeln
Postfach 10 60 11
70049 Stuttgart